AF202999

Wolfgang Koeppen

Tauben im Gras

von Hanns-Peter Reisner

Klett Lerntraining

Dr. Hanns-Peter Reisner, Fachleiter für Deutsch und Hauptseminarleiter am Studienseminar Köln (Gymnasium/Gesamtschule).

Die Textzitate und Seitenangaben folgen der Ausgabe: Wolfgang Koeppen, *Tauben im Gras,* Frankfurt a. M.: Suhrkamp Taschenbuch, 2009. Diese Ausgabe entspricht in Text und Seitenzählung dem Band 4 der von Hans-Ulrich Treichel herausgegebenen Werke Wolfgang Koeppens (Frankfurt a. M.: Suhrkamp, 2006).

9 783129 230510

Bibliografische Information der Deutschen Bibliothek
Die Deutsche Bibliothek verzeichnet diese Publikation in der Deutschen Nationalbibliografie; detaillierte bibliografische Daten sind im Internet über http://dnb.ddb.de abrufbar

Auflage 8. 7. 6. | 2016 2015 2014 2013
Die letzten Zahlen bezeichnen jeweils die Auflage und das Jahr des Druckes.

© Klett Lerntraining GmbH, Stuttgart 2009
Umschlagfoto: bpk, Bayerische Staatsbibliothek, Felicitas Timpe
Satz: DOPPELPUNKT, Stuttgart
Druck: Beltz Bad Langensalza GmbH
Printed in Germany
ISBN: 978-3-12-923051-0

Inhalt

Die Handlung des Romans

Abschnitt 1 (S. 9)

Die Flugzeuge über den Ruinen der Stadt verkünden Unheil. Sie sind zwar noch nicht mit Bomben bestückt, aber Kriegserinnerungen werden dennoch wach. Die aufmerksamen Beobachter sehen darin eine Vorausdeutung künftigen Unheils. Alle anderen Menschen kümmern sich nicht darum.

Anzeichen neuer Kriege

Abschnitt 2 (S. 9–10)

Das aus der Vegetation uralter Zeiten entstandene Erdöl wird jetzt zu einem umkämpften Besitz: Wie die Schlagzeilen der Zeitungen andeuten, sind Kriege um den Besitz der Ölquellen nicht unwahrscheinlich. Die Flugzeuge benötigen Öl, es treibt die Druckerpressen und die Motorräder der Zeitungsausträger an und ängstigt die Menschen. Deutschland befindet sich im Spannungsfeld zwischen Ost und West, die Zeit des Wiederaufbaus ist eine „Atempause auf dem Schlachtfeld", liest man doch gleichzeitig von Atomversuchen und dem Bau von Atomfabriken. Die Zeitungen bringen Unglücksbotschaften, schüren die Angst. Deutschland steuert auf eine Wiederbewaffnung zu. Die Illustrierten hingegen leben von den Erinnerungen an die Kriegszeit und ihre dekorierten Helden.

Ölquellen als Konfliktherd

Verherrlichung der Vergangenheit

Abschnitt 3 (S. 10–13)

Der Filmschauspieler Alexander wird als Erzherzog mit allen Zeichen der Macht und des Prunks eingekleidet. Jedoch fühlt er sich beengt, schwitzt, ist unter seiner Schminke blass und spürt noch die Folgen seines nächt-

Filmheld Alexander

Messalina, Alfredo, Susanne

lichen Alkoholkonsums. Er ist früh morgens ins Studio geholt worden, als seine Frau Messalina, ein weibliches Ungeheuer und vom Alkohol nicht minder gezeichnet, aber von Alexander verehrt, noch im Bett liegt. Alfredo, eine unterhaltsame Lesbierin, schläft in ähnlicher Weise verwüstet auf einem Sofa. Im Badezimmer hat Alexander Susanne getroffen, die sich vom Ruhm und der Prominenz des Filmstars hat verführen lassen, von ihm in der Nacht aber enttäuscht worden ist. Während die Filmleute in dem Auto vor dem Haus erneut gehupt haben,

Tochter Hillegonda ruft

hört Alexander seine Tochter Hillegonda nach ihrem Kindermädchen Emmi rufen, hatte aber nicht mehr die Zeit, sich seinem Kind zuzuwenden. Jetzt glitzern die Orden des Erzherzogs Alexander im Scheinwerferlicht des Filmstudios.

Abschnitt 4 (S. 13–15)

Hillegonda und Emmi in der Frühmesse

Die Kinderfrau Emmi, in ihrer Frömmigkeit schlicht und unnachgiebig, wäscht Hillegonda in wenig einfühlsamer, derber Weise, um mit ihr zur Frühmesse zu gehen. Emmi hält Hillegonda, das „Schauspielerkind", schon aufgrund ihrer Herkunft für eine Sünderin, die nur durch den täglichen Kirchgang für das unmoralische Leben ihrer Eltern Buße tun kann. Auf dem Weg zur Kirche sieht Hillegonda von der Straßenbahn aus einen herrenlosen Hund ohne Halsband, und sie wäre am liebsten hinter ihm hergelaufen, statt in die Kirche zu

Hillegondas Ängste

gehen. In der düsteren, hohen, grabeskalten Kirche überfällt sie die Angst, sie möchte von Emmi beschützt werden, doch diese sprengt nur Weihwasser über sie. Während ein Priester die Messe zelebriert und die Gläubigen wie „verhärmte Mäuse" ausharren, betet Hillegonda voller Furcht, denkt Emmi an Buße und Strafe. Den

Zweifel des Priesters

Priester überkommen während der Wandlung nüchternkritische Gedanken, und er zweifelt an der christlichen Lehre angesichts des Fortschritts der Wissenschaften.

Abschnitt 5 (S. 15–17)

Der Schriftsteller Philipp hat die Nacht aus Verzweiflung in einem Hotel zugebracht, aber keinen Schlaf gefunden. Obgleich ein Neubau, ist die Einrichtung schäbig, das Zimmer laut, hellhörig, nur unzureichend geschützt vor dem Leuchtschild eines Kartenspielclubs gegenüber. Man hört die Betrunkenen singend aus dem Bräuhaus kommen und das Getöse aus den Nachbarzimmern. Der Wirt, misstrauisch geworden, weil Philipp unweit vom Hotel seinen Wohnsitz hat und ohne Gepäck gekommen ist, nötigt ihn zu einer fadenscheinigen Erklärung. Ehe er das Hotel verlässt, zahlt Philipp noch für einen weiteren Tag, läuft am Eingang des noch geschlossenen Bräuhauses vorbei und sieht, wie aus dem gegenüberliegenden Café Schön, dem „Club der amerikanischen Negersoldaten", die Abfälle der Nacht weggefegt werden.

Philipp im Hotel

Bräuhaus und „Club der Negersoldaten"

Abschnitt 6 (S. 17–20)

Frau Behrend sitzt in ihrem Zimmer und bekommt von der Tochter der Hausbesorgerin die Milch gebracht. Diese Tochter ist ein lebenshungriges Wesen, wartet auf einen Traummann, der sie erweckt und alle ihre Wünsche erfüllt, wie es ihr die Kinofilme gezeigt haben. Dass sie Frau Behrend mit „Frau Obermusikmeister" anredet, löst bei Frau Behrend Erinnerungen an glücklichere Tage aus. Sie sieht ihren Mann mit seiner Kapelle durch die Stadt schreiten, im Waldpavillon Melodien aus der Oper *Freischütz* dirigieren, während sie vornehm am Gartentisch sitzt. Der Krieg hat ihr diesen Mann genommen, der sich mit einer „bemalten Schlampe" eingelassen hat und jetzt in Kaffeehäusern für „Neger" spielt, seiner Frau aber immerhin den Lebensunterhalt bezahlt. Zwar kauft sie ihren Kaffee bei einem Juden, doch sind Juden für sie immer noch die „Unerwünschten", die in schnell aufgemachten Notläden unverzollte Ware verkaufen. Dass die Juden die deutschen Geschäftsleute zugrunde richten wollen, darin ist sie sich mit ihrer Le-

Frau Behrends Erinnerung an glückliche Tage

Denken in alten Mustern

bensmittelhändlerin einig. In deren Villa sind inzwischen Amerikaner einquartiert, die sich, wie sie sagt, rücksichtslos benähmen und deren Frauen sich schrill kleideten. Frau Behrend schwärmt von den alten Zeiten, als sie zu den reichen Leuten gehört hat und von Verwandten Pakete geschickt bekam. Dann liest sie in ihrem Heftroman weiter, an dessen Ende die Guten siegen.

Abschnitt 7 (S. 20–22)

Philipps Erinnerungen an die Kindheit

Philipp tut sich schwer mit der Zeit: Er erinnert sich traumartig an seine Kindheit in einer Stadt in Masuren. Er sitzt in seinem Matrosenanzug im Deutschen Saal, wo auf der Bühne vor einer Waldkulisse die „Damen des Luisenbundes" ein vaterländisches Stück aufführen. Die Stadt ist inzwischen zerstört und ausgelöscht, doch schon in den Schulstunden hat Philipp geträumt, er fahre in einem Auto durch die tote Stadt. Die Zeit erscheint ihm dahinzurasen und er dazu bestimmt, das Geschehen zu beobachten. Doch ergreift ihn der Schwindel, er nimmt nur noch Bojen in einem „Zeitsee" wahr, ein der Lächerlichkeit preisgegebenes erstarrtes Bild.

Abschnitt 8 (S. 22–23)

Ehemalige Hitlerjungen im Kino

In den Engellichtspielen läuft der Film *Der letzte Bandit,* ein Kassenschlager, wie die Zeitungen schreiben. Früher waren Wiggerl, Schorschi, Bene, Kare und Sepp in der Hitlerjugend und haben für die Winterhilfe gesammelt. Außer Wiggerl, der zur Fremdenlegion gegangen und gefallen ist, sitzen sie nun schon am Vormittag im Kino. Sie haben keine Arbeit, schwänzen die Gewerbeschule und gehen zweifelhaften Gewerben nach, unter anderem als Stricher. Sie sehen den „letzten Banditen" und sind bereit, sich von jeder noch so dummen, hässlichen oder gewalttätigen Heldenfigur mitreißen zu lassen und für sie auch zu sterben.

Abschnitt 9 (S. 23–24)

Die Zuzugssperre ist aufgehoben, so titeln die Zeitungen, und die Menschen, die vor den Bomben oder aus den Trümmern der Häuser aufs Land geflüchtet sind, kehren zurück. Sie haben ihre Wohnungen, ihren Hausrat, ihre persönlichen Dokumente, ihre bisherige Identität verloren.

Zuzugssperre aufgeboben

Abschnitt 10 (S. 24–25)

Doktor Behude liegt auf einem mit Wachstuch bespannten Tisch und spendet Blut, das als Konserve zu einem der immer irgendwo bestehenden Schlachtfelder versendet werden kann. Zehn Mark erhält Dr. Behude für diese Spende und ist ebenso wie die zahlreichen Assistenzärzte, die zuvor als Kriegsmediziner gedient haben, auf das Geld angewiesen. Er betrachtet das Blutspenden aber auch als eine Art Selbstkasteiung, vergleichbar mit einer Gymnastik, einer Reinigung, bevor er in seine Praxis geht. Dort warten seine Patienten auf ihn, psychisch gestörte Menschen jeder Art, darunter auch Literaten, die angeblich nicht in der Lage sind, eine Krankenkasse oder die Rechnung zu bezahlen.

Dr. Behude beim Blutspenden

Abschnitt 11 (S. 25–26)

Diejenigen, die ihr Leben gerettet haben, auf dem Land gelebt haben als Geflohene, von der einheimischen Landbevölkerung nicht gut angesehen, überfluten jetzt die Stadt und nehmen ihr altes Leben wieder auf. Sie sind glücklich in ihren gewohnten Gefilden, wenngleich auch die Zeitungen bereits die Stationierung von „Superbombern" in Europa in Aussicht stellen.

Rückkehr der Stadtflüchtlinge

Abschnitt 12 (S. 26)

Odysseus Cotton verlässt den Bahnhof mit einem Kofferradio in der Hand, aus dem eine sanfte, tiefe Stimme

Ankunft von Odysseus Cotton

erklingt. Assoziationen zum Leben der Afroamerikaner in Amerika, zur Lynchjustiz, zum amerikanischen Bürgerkrieg und zur Abschaffung der Sklaverei deuten auf seine Hautfarbe hin. Eine Stimme aus dem Kofferradio singt den Song „Night-and-day". Odysseus Cotton fühlt sich durch die Stimme wie abgeschirmt von dem Treiben auf dem Bahnhofsvorplatz, das er noch nicht einschätzen kann. Unschlüssig blickt er sich um.

Abschnitt 13 (S. 27–28)

Philipps häusliche Situation

Ebenfalls vom Bahnhofsvorplatz ist Philipp durch die Tür einer Telefonzelle abgeschirmt. Er weiß nicht genau, was er tun soll, und fühlt sich innerlich leer. Er könnte nach Hause in die Fuchsstraße gehen, überlegt er, da seine Frau Emilia von ihren Wutanfällen und Verwüstungen wohl inzwischen erschöpft wäre und auf dem Bett ihrer Urgroßmutter läge, die ein Leben in großzügigen Verhältnissen verbracht hat. Philipp bildet sich ein, alles, die Haustiere, die Verwandtschaft seiner Frau, das verfallende Haus hasse ihn, und er versucht vergebens,

Philipps Skepsis gegenüber Dr. Behude

den Psychiater Dr. Behude anzurufen. Aber Philipp bleibt nur aus Gewohnheit in der Behandlung von Dr. Behude, glaubt nicht daran, dass der ihn auf der Liege seines Behandlungszimmers von „Schuld und Buße" befreien könne. Währenddessen ruht Dr. Behudes Blutkonserve bereits im Kühlschrank der Klinik, er knöpft sein Hemd zu, erkennt im Spiegel, dass seine Augen angestrengt aussehen.

Abschnitt 14 (S. 28–29)

Odysseus ist guter Laune, während ihn der Song „Night-and-day" aus dem Kofferradio begleitet. Vor dem Bahnhof wartet der Dienstmann Josef, schon gebeugt von

Josef bietet Odysseus seine Dienste an

fünfzig Dienstjahren, aber noch munter. Er hat die Schlachten des Ersten Weltkriegs unversehrt überlebt, die erneuten Aufmärsche, hat seine Familie im Zweiten Weltkrieg verloren, geht auf siebzig Jahre zu und übernimmt jetzt nur noch die leichteren Gepäckstücke. Er sieht Odysseus, dessen Kofferradio ihm gefällt, geht auf ihn zu, bietet ihm seine Dienste an und trägt sein Kofferradio. Es hat ihn nicht hingezogen zu Odysseus, und keine Gefühlsregung hat Odysseus für Josef empfunden. Josef hat Odysseus lediglich als freigebig eingeschätzt und an sich gedacht.

Abschnitt 15 (S. 30–32)

Das Krächzen des Papageis weckt bei Emilia Erinnerungen aus ihrer Kindheit, an ein Papageienbuch, das sie heimlich gelesen und versteckt gehalten hat. Tatsächlich ist die Nacht aber schon einige Stunden vorbei, und der Papagei und bald auch Emilias andere Haustiere entbehren das Tageslicht. Emilia liegt noch totenähnlich im Bett, hört das Rieseln des verfallenden Mauerwerks. In ihren Haustieren sieht sie noch die Begleiter einer glücklicheren Kindheit, ihnen kann sie sich zuwenden, nicht aber den Menschen. Als sie bemerkt, dass Philipp nicht zu Hause ist, macht sie Licht, läuft in Philipps Zimmer, und das Tageslicht zeigt in aller Deutlichkeit die Spuren ihres nächtlichen Lebens. Mit Abscheu sieht sie Philipps Schreibmaschine und das unbeschriebene Papier, das Handwerkszeug seiner Schriftstellerarbeit, deren Erfolglosigkeit sie hasst. Sichtlich gealtert und verfallen macht sie sich Gedanken über Philipps Verbleib. Schließlich legt sie sich auf sein Sofa, beschimpft ihn in Gedanken, ihn, den sie gleichzeitig liebt und hasst, und beginnt, sich selbst zu befriedigen.

Emilias Erwachen

Emilias Beziehung zu Philipp

Abschnitt 16 (S. 32–33)

Der große Odysseus sieht auf den kleineren Dienstmann herab, erblickt seine alte, verschlissene Kleidung, ist aber fröhlich und entdeckt, selber kindlich, in Josef das alt gewordene Kind. Von der Ausstrahlung des hoch gewachsenen Siegers fühlt auch Josef sich gehoben und folgt dem „Eroberer" durch die Stadt.

Odysseus und Josef verstehen sich

Abschnitt 17 (S. 33– 35)

Emilia und ihr Erbe

Emilia, noch nackt und onanierend auf dem Sofa in Philipps Zimmer liegend, blickt auf den geöffneten Bücherschrank und fragt sich, für wen sie sich eigentlich opfere. Da sind auf der einen Seite die ererbten, prachtvollen Bände der Vorfahren, die nicht gelesen, aber Geld verdient haben. Auf der anderen Seite stehen Philipps zerlesene Bücher. Vor beiden ruht nun die Erbin Emilia und versucht, die Wirklichkeit zu vergessen. Dr. Behude zufolge ist es ihr nicht gelungen, sich an die Umwelt anzupassen. Als Kind hat man ihr damit geschmeichelt, sie erbe das Millionenvermögen des Kommerzienrats und brauche später nichts mehr zu tun. Doch jetzt sind die Papiere entwertet, die Rechte enteignet, das Geld nichts mehr wert, und der Hausbesitz verfällt. Emilia hat zwar dem materiellen Reichtum entsagen und dem Geist sich hingeben wollen, doch war der Zeitpunkt dafür zu spät gewesen.

Emilias Bildungsassoziationen

In Gedanken assoziiert sie literarische, physikalische, philosophische Lektürefetzen und Situationen aus ihrem schöneren, hoffnungsvolleren Leben. Schließlich besinnt sie sich auf ihren Körper, auf ihren Schoß, den sie als ihr gehörend erlebt.

Abschnitt 18 (S. 36–37)

Emilia, inzwischen erschöpft und schwitzend, betrachtet Philipps Schreibtisch, den sie zwar hasst, von dem aber auch wie durch ein Wunder Reichtum und Ruhm ausgehen könnten. Im Gegensatz zu ihrem verkommenen Erbe könne Philipp, so denkt sie, vielleicht doch noch im geistigen Bereich ein „Guthaben" besitzen, das er nicht mit ihr teilen wolle. Da sie sich dessen nicht sicher ist, fordert sie Rechenschaft von jedem, der älter ist als sie.

Emilias nächtlicher Wutanfall

So ist sie in der zurückliegenden Nacht durchs Haus gerannt, hat die Nazis beschimpft, Deutschland ins Elend und sie um ihr Erbe gebracht zu haben, ihren Vater, der sich hinter der Tür versteckt gehalten hat, als Mitläufer angeklagt. Mit bleichem Gesicht, nackt und taumelnd nähert sie sich Philipps Schreibtisch, nimmt eins der leeren Blätter, spannt es in die Schreibmaschine und hinterlässt ihm eine Liebesbotschaft.

Abschnitt 19 (S. 37–40)

Richard Kirsch liebt die Deutschen nicht, blickt gleichgültig, ohne Feindschaft nach Deutschland hinunter. Er hat Verwandte in Deutschland, fliegt aber jetzt im Auftrag seines Landes Amerika. Distanz hat Richard auch zu den zurückliegenden kriegerischen Auseinandersetzungen, sie sind für ihn Geschichte. Er fliegt über Belgien, Köln, den Rhein aufwärts und erinnert sich an die patriotischen Gedichte und Lieder anlässlich der deutsch-französischen Streitereien um den Rhein, die sein Vater Wilhelm Kirsch in der Schule und beim Militär gesungen hat. Richard, achtzehn Jahre und Soldat der amerikanischen Luftwaffe, überlegt, ob er, wäre er schon älter gewesen, hier Bomben hätte abwerfen und sterben können und wo er vielleicht später einmal Bomben werde abwerfen müssen. Nach der Landung nimmt er den Geruch der Brauereien wahr.

Richard Kirsch fliegt über Deutschland

Abschnitt 20 (S. 40–42)

Odysseus und Josef gehen durch die Straßen der Stadt. Die Jazzrhythmen aus dem Kofferradio regen die Mädchen an, die sich überlegen, ob sie sich auf einen schwarzen Soldaten einlassen könnten. Verlockend ist für sie das Geld, über das die Afroamerikaner verfügen, und anziehend sind deren gestählte Körper und die „Manneskraft". Abschreckend wirkt ihre Diskriminierung in Amerika, die Aussicht auf ein „halbschwarzes" Kind, das nirgends zu Hause wäre. Odysseus und Josef kommen an Stehausschänken vorbei, zu denen alliierte Soldaten keinen Zutritt haben, werden von Schleppern, Geldwechslern, Händlern und Prostituierten umworben, doch lässt sich Odysseus auf sie nicht ein. Sie schlendern durch eine zwischen Trümmern errichtete Ladenstraße, in de-

Der schwarze Odysseus erregt Aufsehen

ren Baracken bereits wieder Luxuswaren verkauft werden. Eine rote Ampel hält ihren Gang auf.

Abschnitt 21 (S. 42–43)

Emilia will Erbstücke veräußern

Eine rote Ampel hält auch Emilia auf, die sich auf dem Weg zum Leihamt, zu Antiquitätenhändlern und zu einem Juwelier befindet. Ihre erlesene Kleidung zeigt inzwischen Spuren des Verschleißes, und sie benötigt Geld. Missmutig steht sie an der Ampel, trägt schwer an einem englischen Reiseplaid, in das sie einige zu veräußernde Erbstücke eingehüllt hat.

Abschnitt 22 (S. 43–45)

Mr. Edwin trifft ein

Im schwarzglänzenden Cadillac des Konsuls überquert Mr. Edwin nach einem ermüdenden Flug dieselbe Kreuzung. Nun weiß er sich im Land der großen Dichter, fühlt sich aber plötzlich „übriggeblieben" und alt. Er ist erlesen und vornehm gekleidet, berühmt und preisgekrönt, sein asketisches Gesicht nimmt jedoch einen bösen Zug an. Zu gewöhnlich ist ihm die amerikanische Umgangssprache, der Slang der Konsulatsangehörigen, die ihn

Edwin zweifelt an seiner Botschaft

empfangen haben und begleiten. Er bezweifelt, dass er den Besiegten überhaupt eine Botschaft übermitteln könne. Zwar hält er sein Wissen für in doppeltem Sinne „erlesen": aus Büchern gewonnen, aber auch ausgewählt, eine kostbare Essenz aus dem Geist des Abendlands. Dennoch erkennt er, dass er nichts Tröstendes in dieser zerstörten Stadt zu sagen habe, und überlegt, ob er nicht besser schweigen solle. Dass er vielleicht in dieser Stadt

Edwins Todesahnung

sterben werde, geht ihm durch den Kopf, und er sieht den schwarzen Cadillac plötzlich als Sarg. Da streift der Wagen einen Radfahrer, der schwankt, aber nicht stürzt.

Abschnitt 23 (S. 45–46)

Dr. Behude auf seinem Fahrrad findet wieder sein Gleichgewicht. Am Abend will er zu Mr. Edwins Vortrag, jetzt ist er, von der Blutspende noch etwas geschwächt, auf dem Weg zu Schnakenbach, einem dauernd müden, ehemaligen Gewerbeschullehrer, der auf wach haltende Tabletten angewiesen ist. Gern führe er auch zu Emilia, die er psychisch für gefährdeter hält als Philipp, die eine Begegnung mit ihm jedoch meidet. Er übersieht, dass Emilia gerade vor einer roten Ampel wartet, während er die Kreuzung überquert.

Dr. Behude auf dem Weg zu Schnakenbach

Abschnitt 24 (S. 46–47)

Washington Price, afroamerikanischer Sergeant in der amerikanischen Armee, fährt mit seiner „horizontblauen" Limousine ebenfalls über die Kreuzung und überlegt, ob er sich durch ein illegales Benzingeschäft Geld besorgen solle. Er will Carla an sich binden und will auch, dass Carla ihr Kind behält. Er denkt, für einen reichen Afroamerikaner stünden die Chancen besser, denn Carla ist ängstlich und möchte von ihm kein Kind. Zwar ist Washington Baseballcrack bei den Red Stars, doch wird er älter, und seine Kondition lässt nach. Er verzichtet zwar auf das Benzingeschäft, doch will er sich durch einen Telefonanruf Geld beschaffen, denn er ist entschlossen, für Carla ein Geschenk zu besorgen.

Washington Price will Carla und sein Kind behalten

Abschnitt 25 (S. 47–50)

Carla ist auf dem Weg zum Frauenarzt und Chirurg Dr. Frahm, da sie ihr Kind „loswerden" will. Sie, die früher Sekretärin des Platzkommandanten des deutschen Wehrmachtsbüros war, erinnert sich daran, wie ihre Beziehung zu Washington begonnen hat. Da ihr Mann, der Vater ihres Sohnes, an der Wolga verschollen ist, sie aber nicht bei ihrer Mutter, Frau Behrend, wohnen möchte, nimmt sie eine Stelle bei der US-Transporttruppe der schwarzen Soldaten an. Washington hat sie eines Tages nach Hause gefahren, hat sie mit Nahrungsmitteln und Zigaretten beschenkt, woraus eine tägliche Gewohnheit geworden ist. Nach sechs Wochen gibt sie sich ihm hin,

Carla will ihr Kind „loswerden"

Carlas Beziehung zu Washington

und Washington muss fortan ihr gesamtes soziales Umfeld mit Waren aus dem amerikanischen Kaufhaus versorgen. Sie kündigt ihre Stelle, lebt fortan mit ihm in einem Haus mit prostituierten Mädchen zusammen, ist ihm auch treu, weiß aber nicht, ob sie ihn wirklich liebt. Sie glaubt an die Illusionen von amerikanischem Luxus und Glück, die die Illustrierten ihr vorgaukeln. Sie will Washington zwar heiraten, ein Kind von ihm möchte sie jedoch nicht. So sucht sie die Hilfe bei Dr. Frahm.

Abschnitt 26 (S. 50–53)

Die amerikanischen Lehrerinnen

Über die Kreuzung fährt ein Reisebus mit Lehrerinnen aus Massachusetts, die die Stadt erklärt bekommen. Kein Deutscher hätte sie für Lehrerinnen gehalten, denn sie sind „schöngeschminkt", gut gekleidet, sehen jugendlich und reich aus. Mit ihnen verglichen seien deutsche Lehrerinnen „verschüchterte Wesen", darauf bedacht, keinen Anstoß zu erregen, da Erziehung in Deutschland ernst und freudlos sei. Während Katharine Wescott alles, was ihnen über die Stadt erzählt wird, mitschreibt,

Kay von Deutschland enttäuscht

verzichtet die jüngste Lehrerin Kay darauf, von Deutschland, dem Land der Romantik, der Dichter und Denker enttäuscht. Sie erblickt an der Kreuzung einen Afroamerikaner und ein Kofferradio und wird an die Vorstadt von Boston erinnert. Vielleicht, so überlegt sie, ist dieses Deutschland nur eine Erfindung ihres Germanistik-Professors, eines emigrierten Deutschen, dessen Lieblingsdichter Hölderlin und Hofmannthal sind. Gern würde Kay der Reisegesellschaft entkommen und einen deutschen Dichter kennenlernen. Während die einen nur

Vorurteile gegenüber Deutschland

wahrnehmen, dass in Deutschland die Frauen unterdrückt seien, die Stadt farblos sei, sieht Mildred Burnett in den Deutschen noch das alte Soldatenvolk und fragt sich, warum sie keine Denkmäler sieht, wohl aber ein Pissoir.

Abschnitt 27 (S. 53–55)

Versehentlich möchte sich Emilia in einem Pissoir verstecken, um Alexanders Frau Messalina nicht zu begegnen. Sie schreckt vor den Männern zurück und kann
Messalina, die sie bereits beobachtet hat und sich über
sie lustig macht, nicht entgehen. Messalina lädt sie zu
ihrer abendlichen Party ein, bei der vielleicht auch Edwin erscheine, doch Emilia fühlt sich durch die aufge-
donnerte Messalina eingeschüchtert, die ihrerseits über
Emilias Beziehung zu Philipp nachdenkt, den sie für einen Versager hält. Dass sie Messalina ausgerechnet dann
begegnet, wenn sie, ein schweres Plaid tragend, offensichtlich etwas verkaufen will, beschämt Emilia. Scham
empfindet sie auch darüber, dass ihr Mann Philipp als
Schriftsteller nichts produziert. Da springt die Ampel
auf Grün, und Emilia eilt weiter.

Emilia trifft auf
Messalina

Emilia empfindet
Scham

Abschnitt 28 (S. 55)

Odysseus und Josef gehen, während der Song „Bahama-
Joe" aus dem Kofferradio erklingt, zum Wirtshaus „Zur
Glocke". Josef schlägt vor, ein Bier zu trinken, dem
stimmt Odysseus mit einem kräftigen Schlag auf Josefs
Schulter zu, und sie betreten Arm in Arm die „Glocke".

Odysseus und
Josef in der
„Glocke"

Abschnitt 29 (S. 55–59)

Philipp steht vor einem Schreibmaschinengeschäft und
traut sich nicht einzutreten. Gräfin Anne, eine geschäfts-
tüchtige Frau mit nationalsozialistischer Vergangenheit,
deren Familie aber von den Nazis umgebracht wurde,
hat Philipp ins Gewissen geredet. Sie hat ihn ermuntert,
aktiv zu werden, seine Talente zu nutzen, einen Film zu
schreiben, doch Philipp verweigert sich der in seinen
Augen verlogenen Filmszene. Da bietet ihm die Gräfin
an, für sie einen Patentkleber zu vertreiben, und stellt
ihm einen guten Verdienst in Aussicht. In dieser Rolle
des Hausierers betritt Philipp schließlich das Schreibma-

schinengeschäft, doch die Tastaturen der Schreibmaschinen grinsen ihn an und er erkennt, dass ihm der Sinn für die Wirklichkeit fehlt. Emilia hätte besser den Ladenbesitzer heiraten sollen, nicht ihn, der überflüssig sei, „ein deutscher Schriftsteller". Philipp weicht aus, gibt vor, sich für ein Diktiergerät zu interessieren. Als zuvorkommender Geschäftsmann bietet ihm der Ladenbesitzer sofort an, das Gerät zu erproben, und Philipp

spricht seine persönlichen Fantasien über eine bevorstehende Begegnung und ein Interview mit Edwin auf das Band. Beim Abhören der Aufnahme ist Philipp befremdet von seiner Stimme, beschämt, ja entsetzt über seine Selbstentblößung und flieht aus dem Laden.

Abschnitt 30 (S. 59–60)

Während Odysseus und Josef in der „Glocke" ihr Bier trinken, spielt das Kofferradio den amerikanischen Song „Candy". Unter den Leuten, die eine Weißwurst essen, befindet sich auch der Friseur Klett, der eben noch Messalinas Frisur in Form gebracht hat, Glücksspiele sind im Gang, Stoffe werden unter der Hand verkauft, Juden verstoßen gegen die Gesetze ihrer Religion. Männer prahlen mit ihren Kriegstaten, rühmen die Disziplin bei der SS und verbrüdern sich beim Gesang.

Abschnitt 31 (S. 61–64)

Von einer Telefonzelle im Central Exchange aus telefoniert Washington Price mit seinen Eltern in Baton Rouge, Louisiana. Er hat seine Eltern aus dem Schlaf gerissen, und sie ahnen nichts Gutes, zumal ihr Sohn über das Kriegsende hinaus in der Welt der Weißen geblieben ist. Dass er die weiße Frau Carla heiraten wolle, dass sie ein Kind erwarte, dass er dafür Geld brauche, teilt er seinen Eltern mit, nicht aber, dass er das Geld nötig habe, um das Kind zu retten. Die Eltern hingegen fragen sich, wie Washington mit Carla in ihrem Viertel leben könnte, in einem „Negerviertel", wo eine Weiße unerwünscht wäre, wie früher in Deutschland die Juden. Washington ist damals gegen eine solche Unterdrückung in den Krieg gezogen. Während jedoch in Deutschland die beschämenden Schilder, die die Juden diskriminierten, entfernt worden sind, bleiben sie in den Köpfen der Amerikaner den Afroamerikanern gegenüber bestehen. Beim Telefonat mit seinen Eltern träumt Washington von einem Hotel mit der leuchtenden Aufschrift am Eingang: „Niemand ist unerwünscht". Hass und Gewalt, so denkt Washington, entstünden nur aus der Furcht des Menschen. Washington weiß, dass seine Eltern das Geld schicken werden und dass sein Vater es mit mühseliger Arbeit erworben hat.

Washingtons Traum von Gleichheit

Abschnitt 32 (S. 64–66)

Auch Carla fürchtet sich vor offener wie versteckter Diskriminierung der Weißen wie der Schwarzen. Unerwünscht ist auch ihr Kind, aus diesem Grund steht sie im Behandlungszimmer von Dr. Frahm und erwartet als Gegenleistung für die von ihr besorgten Zigaretten, für den Kaffee und die Alkoholika die Unterbrechung ihrer Schwangerschaft. Dr. Frahm denkt über seine ärztlichen Pflichten nach, über den Zeitpunkt, zu dem menschliches Leben wirklich beginnt, über die Gefahren nicht medizinisch betreuter Abtreibungen, seine Erfahrungen im Krieg und über problematische Entwicklungen im Fortschritt der medizinischen Behandlung. Dass der Versuch der „Rassenreinhaltung" ein Irrweg gewesen sei, dass auch aus einer Verbindung von Schwarz und Weiß hübsche Kinder entstehen könnten, wird ihm bewusst. Dennoch lässt er Carla wissen, dass man es „am besten" gleich in der Klinik mache.

Dr. Frahm soll Claras Schwangerschaft unterbrechen

Abschnitt 33 (S. 66–67)

Auch Washington will das Beste für Carla und lässt sich im Verkaufsraum des Central Exchange Damenwäsche zeigen. Da die Verkäuferin vermutet, Washington sage

Washington sucht ein Geschenk für Carla

nicht, was er wirklich wolle, legt sie ihm Reizwäsche vor. Doch Washington verlangt Kinderwäsche, ist aber unschlüssig und zieht seinen Wunsch wieder zurück. Die Verkäuferin unterstellt, er lasse eine Frau mit Kind sitzen und schenke einer „neuen Braut" Reizwäsche. Da wendet sie sich von ihm ab. Schließlich lässt Washington ein Stück gelbe Seide unter seiner Hand verschwinden.

Abschnitt 34 (S. 67–68)

Odysseus in der „Glocke"

Odysseus hat sich inzwischen in der „Glocke" auf ein Würfelspiel mit den Griechen eingelassen, obgleich ihn Josef, das Kofferradio fest im Griff, eindringlich gewarnt hat. Nach anfänglichen Gewinnen verliert Odysseus, während das Kofferradio über die bedrohliche Dynamik der Weltpolitik berichtet. Aber die Kapelle beginnt mit ihrer Marschmusik, die Kneipengäste kommen in Stimmung, Odysseus verliert weiterhin, bemüht sich aber, die Taschenspielertricks der Griechen zu durchschauen.

Abschnitt 35 (S. 69–73)

Gallagher telefoniert mit Henriette in Paris

Aus der Zelle, die Washington gerade verlassen hat, telefoniert nun Christopher Gallagher, Steueranwalt aus Kalifornien, mit seiner Frau Henriette, zurzeit in einem Hotel in Paris. Gallagher vermisst seine Frau und kann nicht verstehen, warum sie nicht mit ihm nach Deutschland kommen will. Doch während Henriette aus dem Hotelfenster auf die Seine blickt, erscheint ihr das Bild der Spree, und sie erinnert sich an ihre Jugend in Berlin.

Erinnerungen an Verfolgung und Vernichtung

Sie sieht ihren Vater, Oberregierungsrat in der Verwaltung der Museen, am Morgen in sein Amt gehen, sich selbst als Schauspielschülerin am Deutschen Theater. Sie hat ihre Ausbildung mit einem Preis abgeschlossen, ist als Jüdin bei ihrem ersten Engagement bereits beschimpft worden, hat Deutschland verlassen, ist mit einer Emigrantengruppe herumgereist und schließlich ausgebürgert worden. Christopher Gallagher hat sie als

Tellerwäscherin in Los Angeles kennengelernt und geheiratet. Ihre Eltern, gezwungen die jüdischen Namen Israel und Sarah zu tragen, wurden als erste Juden deportiert, von ihnen hat Henriette nach dem Krieg nur eine Todesmeldung erhalten. Gallagher versichert ihr, es habe sich in Deutschland alles geändert, Henriette aber fordert ihn auf, einmal ins Bräuhaus zu gehen und ins Café Schön gegenüber. Sie spürt zwar keinen Hass auf Deutschland, fürchtet sich aber davor. Henriette möchte wieder zurück nach Kalifornien und am Stillen Ozean den Atem Asiens spüren. Schließlich trägt sie Gallagher auf, ihren Sohn Ezra zu grüßen.

Henriettes Furcht vor Deutschland

Abschnitt 36 (S. 73–81)

Ezra sitzt im Auto seines Vaters Christoph Gallagher auf dem Parkplatz des Central Exchange. Er träumt Kriegs-, Zerstörungs- und Vernichtungsszenarien, bei denen die Menschen kalt und gnadenlos getötet, die Läden zertrümmert werden. Er sieht auch eine Gruppe Kinder, die mit einem jungen Hund spielen, beschießt sie mit Leuchtmunition und wirft zum Schluss eine Bombe.

Ezras Vernichtungsfantasien

Während ein kleines Mädchen die Limousine von Washington putzt, hat sich Heinz, Carlas Sohn, unter dem Reiterstandbild des Kurfürsten versteckt und beobachtet den Platz, der mit den Autos der amerikanischen Besatzer vollgeparkt ist. Die Deutschen bewundern den „rollenden Aufwand", werten aber auch die Luxuswagen der Herrenfahrer als Überheblichkeit.

Heinz beobachtet den Parkplatz

Washington beschenkt das Mädchen, das seinen Wagen blank geputzt hat, und steigt in seine horizontblaue Limousine. Als er weggefahren ist, gibt Heinz sein Versteck auf, spuckt aus und sagt, das sei der „Nigger" seiner Mutter.

Heinz' zwiespältige Beziehung zu Washington

Das gefällt den Kindern auf dem Platz, die inzwischen dem jungen Hund einen Bindfaden umgebunden haben. Heinz prahlt mit dem schwarzen Freund seiner Mutter, dem Reichtum, der Kraft, seiner Zugehörigkeit zur Siegermacht, seiner sportlichen Karriere. Dennoch kann sich Heinz mit dem „Anderssein", der schwarzen Haut nicht ganz anfreunden. Er weiß, dass man auch über ihn und die Lebensweise seiner Mutter spottet, er verteidigt Washington zwar, äußert sich aber auch abfällig über ihn, wenn er die Feindschaft der Jungens spürt. So hilft er sich gelegentlich damit zu sagen, seine Mutter gehe mit einem „Nigger", um selber das auszusprechen, was die andern ihm vorwerfen.

Ezra beobachtet Heinz, der inzwischen den jungen Hund am Bindfaden hält, doch die Wirklichkeit stellt sich ihm als Traum da. Der Traum führt in nach Santa Ana, in sein Bett, in eine Zeit des Krankseins. Von den Angriffskriegen Hitlers hat er damals gehört, von dem Kampf der Amerikaner für die Menschenrechte. Seine Mutter hat damals geweint, von der Liquidierung ihrer Eltern in Deutschland gesprochen, und seine Großeltern wurden in ihm Gestalten aus deutschen Märchen. Ezra weiß, dass er sich jetzt in der Wirklichkeit behaupten muss, und fragt Heinz, ihn aus Unsicherheit siezend, ob er den Hund verkaufen wolle. Heinz, der selbst lange blonde Haare trägt, missbilligt das modisch kurz geschnittene rote Haar Ezras, beabsichtigt auch nicht, den Hund zu verkaufen, will aber im Gespräch bleiben. Als Ezra, obwohl Katholik, sich als Jude ausgibt, nimmt Heinz an, er wolle ein krummes Geschäft machen, und nennt zehn Dollar als Preis. Ezra muss seinen Vater erst um Geld bitten, und die beiden elfjährigen Jungen verabreden sich für den Abend im Bräuhaus.

Heinz passt sich an

Ezra träumt von der Vergangenheit

Ezra will den Hund kaufen

Abschnitt 37 (S. 81–84)

Odysseus durchschaut das Würfelspiel

Odysseus verliert auch weiterhin, die Würfel fallen in der „Glocke" zugunsten der Griechen, es ist ein Spiel um Geld und damit auch um Lebenslust. Die Kapelle spielt ein Jagdlied, und alle alten Kämpfer der Wehrmacht stimmen ein und prahlen mit ihren Kriegserlebnissen. Währenddessen empfängt Josef aus dem Kofferradio beunruhigende, für ihn aber nicht verständliche Nachrichten über die politische Lage in Persien, Malta und Zypern.

Da hat Odysseus das Spiel der Griechen durchschaut, die gezinkten Würfel ergriffen, und das Blatt wendet sich. Der „listige" Odysseus entkommt den Griechen, die ihre Messer zu zücken sich nicht trauen. Mit einem großzügigen Trinkgeld zahlt Odysseus das Bier.

Abschnitt 38 (S. 84–89)

Washington steigt mit einem Blumenstrauß aus seinem Wagen und spürt, wie ihn die in Carlas Mietshaus wohnenden Kleinbürger beobachten und wie sie sein Verhalten kommentieren. Besonders aufgebracht sind sie über Washingtons horizontblaue Limousine, die aus ihrer Sicht ein Vermögen kosten müsse.

Washington im Visier der Nachbarn

Einer Beschwerde über die Vorgänge in der Wohnung von Frau Welz, Carlas Vermieterin, ist die Polizei allerdings nicht weiter nachgegangen.

Frau Welz öffnet Washington die Wohnungstür und teilt ihm mit, dass Carla nicht zu Hause sei. Washington wie auch Carla leiden unter den Wohnverhältnissen, Carla ist allerdings der Ansicht, mit einem Afroamerikaner bekäme sie kein anderes Zimmer, und erwartet von Washington entsprechende Gegenleistungen. Die Mitbewohnerinnen, sich prostituierende Mädchen, wollen nicht verstehen, dass Washington sich nicht auf sie einlässt, da sie alle „Neger" für „geil" halten. In Carlas Zimmer betrachtet Washington ihre Fotos, ihren verschollenen Mann mit Hakenkreuz auf der Uniform, Carla im Hochzeitskleid und weißen Schleier, obgleich bereits schwanger, Carlas Eltern, Frau Behrend und den Musikmeister in Uniform und Heinz, im Kinderwagen stehend. Ein etwas größeres Foto zeigt Washington im Baseballdress. Über die Hässlichkeit des Daseins in diesem „Hurenzimmer" tröstet er sich mit der Aussicht, dass hier bald ein neues Foto mit gemeinsamem Kind am Spiegel stecken werde.

Carlas Wohnverhältnisse

Carlas Fotogalerie

Frau Welz, die Washington in ihrer Küche aufsucht, gibt ihm zu verstehen, sie wisse, wo Carla sei, Carla habe einen guten Arzt, Dr. Frahm werde „es schon machen".

Washington ahnt Schlimmes

Washington versteht die Anspielungen und ist erschrocken.

Abschnitt 39 (S. 89–97)

Emilias sozialer Abstieg

Emilia denkt über den Zerfall ihres Erbes nach, das ihr zuvor als Grundlage eines herrlichen Lebens dargestellt worden ist, jetzt aber nur noch eine Boheme-Existenz ermöglicht. Dass ihr Kapital vernichtet ist, bewertet Emilia als persönlichen Schicksalsschlag und klammert sich noch immer an das Vergangene, statt zu erkennen, dass eine neue „Weltzeit" begonnen hat. Emilia fühlt sich in eine gesellschaftliche Schicht versetzt, deren Mitglieder ihre Großeltern noch nicht einmal in ihrem Haus empfangen hätten. Für Philipp hingegen existiert die Schicht der Boheme, der mittellosen Intellektuellen in den Kaffeehäusern, schon vor dem Hitler-Regime nicht mehr wirklich. Lokale mit einer scheinbaren Boheme-Atmosphäre werden von Philipp gemieden, von Emilia allerdings besucht. Nun kommt Emilia, die einer geregelten Arbeit ablehnend gegenübersteht, gerade

Familiensilber im Leihhaus

vom Leihhaus, wo sie ein silbernes Fischbesteck gegen achtzehn Mark und einen Leihschein eingetauscht hat. Szenen von großelterlichen Banketts erwachen in ihr mit Ministern und Bankiers, die sich des Bestecks bedient haben, deren Griffe sich soeben jedoch als hohl herausgestellt haben. Hat sich Emilia als „Prinzessin im Lumpenpelz" bereits in die Unterwelt des Leihhauses begeben, so steigt sie anschließend in das Gewölbe des Antiquitätenhändlers Unverlacht hinunter, eines hinterhältigen, froschartigen und zudringlichen Mannes. Emilia wird es schlecht im „Hadesschimmer" dieses Ladens, sie lässt sich in einen Schaukelstuhl fallen und bietet einen Anblick, der Herrn Unverlacht sexuell erregt.

Emilia feilscht um einen Teppich

Schließlich zieht sie aus ihrem Plaid einen von Philipp geliebten Gebetsteppich, mit dessen Verkauf sie Philipp strafen möchte. Eine Weile wird gefeilscht, dann nennt Emilia dreißig Mark in bar als ihren endgültigen Preis, wohl wissend, dass Unverlacht ihn für hundert Mark verkaufen werde. Wenn sie nur eines ihrer Häuser verkaufen könne, was in der gegenwärtigen Situation allerdings unmöglich sei, so überlegt sie, dann könne sie selbst vielleicht einen Gebrauchtwarenhandel aufmachen. Aber noch hofft sie auf Philipps literarischen Erfolg.

Abschnitt 40 (S. 97–104)

Philipp, der im Auftrag des *Neuen Blatts* Mr. Edwin interviewen soll, gerät in eine für ihn peinliche Verwechslungsszene. Das *Abendecho* hat eine junge, unerfahrene Redaktionselevin mit einer Reihe von Fragen zur Politik, zur Damenmode und zur Entwicklung der Menschheit in Edwins Hotel geschickt. Da Philipp „bekümmert" und ernst dreinschaut, hält sie ihn für den berühmten Edwin und redet mit ihrem Schulenglisch auf ihn ein, während ihre Begleiter alles aufnehmen und fotografieren.

Philipp wird mit Edwin verwechselt

Das Blitzlicht sorgt für Aufsehen, die Verwechslung spricht sich herum, Philipp wird nun für Edwins Sekretär gehalten. Seinen Versuch, der Situation zu entkommen, vereiteln die Lehrerinnen aus Massachusetts, die ihn um eine Einführung in Edwins schwer verständliches Werk bitten. Da mischt sich Miss Burnett ein und schlägt vor, Philipp solle ihre jüngste Kollegin Kay, die für Edwin schwärme und ihn verehre, mit ihm bekannt machen, damit er ihren Band seiner Gedichte mit einer Widmung versehe. Philipp beeindruckt Kays Frische, sie strahlt für ihn die Weite einer neuen Welt aus. Er kann sich kaum befreien von allen Missverständnissen, wird schließlich Kay als deutscher Dichter vorgestellt. Philipp nimmt ihre grünen Augen und ihren Resedaduft wahr, er weckt in ihm Frühlingserinnerungen, und Kay spürt, dass sie ihm gefällt. Sie denkt über Philipp nach, eine Reihe von Klischees über das Leben von Dichtern geht ihr durch den Kopf, und sie meint, Philipp würde sie lieben können. Aber zunächst verärgert ihn Kay mit der Bemerkung, sie habe vielleicht schon etwas von ihm gelesen, obwohl sie ja von ihm noch gar nichts wissen kann, an-

Philipp lernt Kay kennen

dererseits gefällt ihm ihr achtungsvoller Umgang mit menschlichen Werten, die auch Philipp schätzt. Sie verehrt in Philipp einen Menschen, der er zwar nicht ist, der er aber hätte werden können: einen bedeutenden Schriftsteller. Philipp lebt jedoch in dem Bewusstsein, dass er nur noch die Berufsbezeichnung Schriftsteller führe, sein erster Roman ist im Lärm des Krieges untergegangen, danach fühlte er sich wie gelähmt, sieht auch am Horizont schon neue kriegerische Auseinandersetzungen drohen.

Kay hält Philipp für einen bedeutenden Schriftsteller

Abschnitt 41 (S.104–106)

Zu einem Interview mit Mr. Edwin fühlt sich Philipp nicht mehr fähig, damit seine Flucht nicht auffällt, nimmt er die Treppe zu den Hotelzimmern in der Hoffnung, einen Notausgang zu finden. Er trifft jedoch mit Messalina zusammen, die ihn auf dem Weg zu Edwin vermutet, den sie gern auf ihrer abendlichen Party sehen würde. Auch hat Messalina Philipps Neigung zu Kay beobachtet, ihre Ähnlichkeit mit Emilia entdeckt und unterstellt ihm, Kay verführen zu wollen. Als sie schließlich nach einem Film für Alexander fragt, ihn mit Emilia und Kay zur Party einlädt, antwortet Philipp barsch, es gäbe nichts zu hoffen, es gäbe überhaupt keine Hoffnung mehr. Er flüchtet über eine Hintertreppe und landet in der Hotelküche.

Philipp flieht

Unglückliches Treffen mit Messalina

Abschnitt 42 (S.106–112)

Edwin verschmäht das Essen der berühmten Hotelküche, auch der Frankenwein ist ihm zu herb und schmeckt nach Gräbern, nach Friedhöfen. Er hat einen schlechten Tag. Dass gleichzeitig unter ihm in der Hotelhalle Philipp mit ihm verwechselt wird und leidet, kann er nicht wissen. In seinen „schwarz-roten Lederhausschuhen" und seinem „buddhistischen Mönchsmantel" schreitet Edwin im Raum umher. Er liebt altertümliche Hotelzimmer, deren Möbel schon namhafte Literaten benutzt ha-

Edwin in schlechter Stimmung

ben. Selbst wenn es solchen Zimmern an Komfort und Funktion mangelt, zieht er sie modernen Behausungen vor. Er lebt diszipliniert, traditionsbewusst, zählt sich zur späten, zur letzten Elite des Abendlands und fühlt sich dem griechisch-christlichen Vernunftdenken verbunden. Die Stadt erschreckt Edwin, die aus ihr selbst hervorgegangenen Barbaren hätten ihre Zerstörung herbeigeführt, jetzt sei sie eine Stadt, die am Abgrund hinge, „in der Schwebe". Nicht die Geschichte beherrsche sie, sondern die Wirtschaft. Hier wird er die Öffentlichkeit meiden, hier fürchtet er die Journalisten, denn er weiß, dass ihm das leichte, geistvolle Wort nicht einfallen werde. Andererseits würden Furcht und Trauer in dieser Stadt verdrängt.

Dennoch zieht es Edwin in die Stadt, er kleidet sich vornehm, verlässt sein Zimmer, allerdings weckt der Anblick von Messalina in der Hotelhalle schlechte Erinnerungen in ihm, er schreckt zurück, seine Flucht führt ihn in die Hotelküche und in den Innenhof. Dort trifft Edwin auf Philipp, den er für Sekunden als seinen Doppelgänger wahrnimmt, als jüngeren Schriftsteller. Philipp erkennt Edwin, wittert eine Chance, mit ihm zu sprechen, das Interview zu führen und Erkenntnisse über sich selbst zu gewinnen. Doch wird er unsicher und weicht zurück. Auch Edwin hätte sich gern mit einem jüngeren Dichter aus Deutschland unterhalten, sieht aber in Philipps Gesicht statt strahlenden Glaubens nur seine eigenen Zweifel und weiß, dass er ihn meiden muss. Als der Hotelportier Philipp und Edwin nach ihren Wünschen fragt, verlassen sie das Hotel. Der Portier hält sie beide für „Pack" und „Nichtstuer".

| | Edwin und die Elite des Abendlands |

| | Edwins Urteil über die Stadt |

| | Auch Edwin flieht |

| | Edwin und Philipp meiden sich |

Abschnitt 43 (S. 112–114)

Nichts tuend als reden und träumen, sitzt Frau Behrend im Domcafé mit ihren Gesinnungsgenossinnen, verlassene oder verwitwete Frauen, die von Pensionen, Versicherungen und Trennungsgeldern leben. Da sieht Frau Behrend im Schein einer roten Ampel ihre Tochter Car-

| | Frau Behrend sieht ihre Tochter |

la, die sie für eine Verlorene hält, da sie mit einem Afroamerikaner zusammenlebt. Der Gedanke, in Gesellschaft mit Carla und am Ende noch mit ihrem „Neger" von ihren Bekannten gesehen zu werden, beunruhigt Frau Behrend, die sich mit ihrer Tochter nichts mehr zu sagen hat. Carla ist auf dem Weg zur Klinik, zur Abtreibung, und es geht ihr durch den Kopf, was sie mit Washington eigentlich verbindet, ob Liebe oder nur Verzweiflung oder Gewohnheit. Carla, die ursprünglich ihre Mutter noch einmal sehen wollte, sieht ihr kaltes, „fischiges" Gesicht, und der Wunsch, sie zu sprechen, erstirbt. Frau Behrend ihrerseits erlebt ihre Tochter wie einen erdrückenden Domturm vor ihr stehend.

Carla und ihre Mutter bleiben wortlos

Abschnitt 44 (S. 114–116)

Odysseus und Josef auf dem Domturm

Odysseus und Josef haben den Domturm erstiegen, und Josef wird bewusst, dass er mit Ausnahme seiner Kriegseinsätze immer nur in dieser Stadt gelebt hat. Vielleicht habe er im Krieg schon auf Menschen geschossen, die ihm als Reisende ein Trinkgeld gegeben hätten, man müsse Kriege verbieten, so denkt Josef. Der Krieg sei eine wiederkehrende „Pest", die ihm bereits einen Sohn genommen habe. Odysseus genießt den Blick über die Stadt, stellt sie sich als gewaltigen Dschungel vor, der sie vielleicht einmal gewesen sei und der sie wieder werden könne. Während Josef plötzlich eine Furcht vor dem „schwarzen Teufel" beschleicht, hinterlässt Odysseus seinen Namenszug auf der Statue eines Dämonen.

Abschnitt 45 (S. 116–117)

Frau Behrends Meinung zu Carlas Leben

Frau Behrend empfindet es als „schimpflich" und „fürchterlich", sich mit einem Schwarzen zu verbinden und von ihm schwängern zu lassen, aber auch als Verbrechen, das Kind töten zu wollen. Sie wünscht ihre Tochter nach Amerika, damit sie nicht mit dem Kind in ihr Café kommen könne. Carla ahnt, was ihre Mutter denkt, und verzichtet darauf, ihr etwas zu sagen. Frau Behrend kann Carlas Pläne erraten, doch ist es ihr gleichgültig, wie sie sich entscheidet, nur will sie ihre Tochter mit dem „Negerkind" im Café nicht sehen.

Abschnitt 46 (S. 117)

Washington will das Kind und ist besorgt. Er besucht Dr. Frahm in dessen Mittagspause, um zu erfahren, warum Carla bei ihm gewesen sei. Dr. Frahm spricht von einer „kleinen Störung", spielt ansonsten den Unwissenden. Mit Erstaunen und beeindruckt von seiner Person erkennt er, wie bedeutsam für Washington das Kind ist. Da beschließt Dr. Frahm, nichts zu unternehmen, denn das Kind solle leben.

Washington interveniert bei Dr. Frahm

Abschnitt 47 (S. 117–118)

Auch weiterhin kann Carla die Gedanken ihrer Mutter erraten, deren Denken von dem ihrigen nicht so weit entfernt ist. Carla leidet unter ihrem Leben, sie macht die Zeitumstände für ihre Schande verantwortlich. Sie ist keine Rebellin, hat vielmehr einen Glauben, den sie jedoch nicht wirklich verinnerlicht hat.

Carla und ihre Lebensumstände

Abschnitt 48 (S. 118–119)

Die Kinderfrau Emmi möchte Hillegonda, das Schauspielerkind und damit „Sündenkind", zu Gott führen. Emmi, obwohl gut bezahlt, missachtet Hillegondas Eltern Alexander und Messalina. Nicht mit Liebe, sondern mit Strenge möchte sie Hillegonda von der Sünde befreien. Hillegonda allerdings weiß nicht, was sie beichten soll, leidet unter der Kälte, der Größe der Kirche und fürchtet sich vor Emmi und vor Gott.

Hillegondas gnadenlose Erziehung

Abschnitt 49 (S. 119–120)

Filmstar Alexander ermattet

Alexander wird von seinem Kostüm als Erzherzog befreit, der Produktionschef des Films ist begeistert und überzeugt, ein großes Kunstwerk zu schaffen. Alexander selbst ist einfach nur müde, fühlt sich elend und möchte schlafen. Am liebsten würde er Messalina dazu bewegen, die geplante Party abzusagen, ist sich aber bewusst, dass er am Abend nicht mehr davon reden wird.

Abschnitt 50 (S. 120)

Messalina in der Hotelbar

Messalina sitzt in der Hotelbar und trinkt Pernod. Sie blättert ihr Notizbuch durch und sucht nach hübschen Mädchen, die sie zu ihrer abendlichen Party einladen könnte.

Abschnitt 51 (S. 120)

Frau Behrends Gedanken über Carlas Unglück

Frau Behrend kann nicht verstehen, dass sich Washington bei so vielen „Nutten" ausgerechnet auf Carla stürzt und sie auf ihn reinfällt. Sie führt Carlas Unglück auf ihr Jammern über den Vater zurück, da habe Carla ihren Vater und seine Geliebte verteidigt. In Carla fließe dasselbe Musikerblut, die Wehrmacht habe ihren Mann „in Zucht" gehalten, durch den Krieg sei er verdorben worden.

Abschnitt 52 (S. 120–123)

Richard Kirsch fährt in die Stadt

Richard Kirsch fährt mit dem Flughafenbus in die Stadt und stellt fest, dass der Krieg nicht so viel zerstört hat, wie in der Presse berichtet worden ist. Damals, so erinnert er sich, habe sein Vater Wilhelm über die Fotos der Verwüstungen geweint. Auf dem Weg zu Frau Behrend überrascht Richard die Warenfülle in den Schaufenstern der Läden, die denen zu Hause nur in der Fülle der Reklame nachstünden. Es erschrecken ihn allerdings die Menschen, die er etwas albern findet, in einem „Ungleichmaß zwischen Trägheit und Hetze" lebend und für ihn undurchschaubar. Sein Vater, Reichswehrsoldat Wilhelm Kirsch, hat sich rechtzeitig, bevor Hitler an die Macht kam, mit einer Dienstentschädigung in die USA abgesetzt. Dort hat er sich während des Krieges als Waffenmeister in eine Fabrik versetzen lassen und ist so dem Frontdienst entgangen, was Richard als Schmach angesehen hat. Doch ist sein Vater kein Feigling gewesen, vielmehr hat der „scharfe Schliff" der Reichswehr bei ihm dazu geführt, Gewalt zu verabscheuen. Schließlich hat ihn Amerikas Kriegseintritt an den Idealen des Landes zweifeln lassen, und aus ihm ist ein mit „Handfeuerwaffen handelnder Pazifist" geworden. Richard hingegen ist bereit, für Amerika zu kämpfen.

Richards Vater: Gegner von Gewalt

Abschnitt 53 (S. 123–126)

Da Schnakenbach Krieg und Militär ablehnt, hat er sich durch Einnahme von Wachhaltepillen und lange Phasen des Schlafentzugs körperlich so geschwächt, dass die Musterungskommission ihn für untauglich erklärt hat. Nach Kriegsende ist er auch weiterhin von Drogen abhängig, wird schlafsüchtig und kann sich nur durch hohe Dosen von Belebungsmitteln wenigstens in einem „Halbschlummer" halten. Stellungslos wohnt er nun im Keller des Hauses einer Baronin, die an der Manie leidet, früh morgens Straßenbahn zu fahren, und deshalb bei Dr. Behude in Behandlung ist. Als Behude Schnakenbach besuchen will, ihn aber nicht antrifft, sieht er in dessen Kellerraum ein ausuferndes chemisches Labor, in dem Schnakenbach seine Belebungsdroge herzustellen versucht. Mit schlechtem Gewissen legt ihm Dr. Behude eine Packung Pervitin, eines Belebungsmittels, auf den Tisch und schleicht sich raus.

Schnakenbachs Schlafproblem

Dr. Behude in Schnakenbachs Kellerraum

Abschnitt 54 (S. 126–127)

Frau Behrend und ihre Tochter Carla trennen sich vor dem Domcafé, ohne sich ausgesprochen zu haben. Frau

Frau Behrends
andere Welt

Carla entschei-
det sich für die
Abtreibung

Behrend möchte in Frieden gelassen werden und ihre
Welt in Ordnung wissen. Carla erkennt, dass ihre Mutter
an einer Welt festhält, die längst einer „dreckigen", einer „gottverlassenen" Welt Platz gemacht hat. Carla
wird in die Klinik gehen und ihr Kind abtreiben lassen.
Ihr wird bewusst, dass dieses Kind nicht in die bunte
Traumwelt der amerikanischen Magazine passt, dass sie
in den „falschen Zug" gestiegen sei, dass alle Afroamerikaner im falschen Zug säßen. Sie hätte nur warten müssen, dann hätte sie mit ihrer Figur auch einen weißen
Amerikaner bekommen können, denn nur der richtige
Zug führe in die Welt des Wohlstands. Als sie auf dem
Domplatz sich noch einmal nach der Mutter umdrehen
will, hört sie die Orgel durch die zerstörten Fenster der
Kirche.

Abschnitt 55 (S. 128–129)

Odysseus und
Josef im Baseball-
stadion

Bei den lauten Klängen der Stadionlautsprecher und den
Tönen des Musikkoffers isst Josef ein Sandwich, das verdorben schmeckt und ihn an den Tod denken lässt, das
er aber herunterwürgt, um Odysseus nicht zu beleidigen.
Odysseus trinkt Coca-Cola.

Washington
gewinnt

Auch Washington hört die Kinoorgel, die Rufe, Pfiffe
und das Gelächter der Zuschauer. Er keucht, schwitzt
und ringt nach Atem, gewinnt aber den Lauf des Base-
ball-Matchs und wird als Sieger gefeiert.

Heinz zweifelt
an Washingtons
Fitness

Carlas Sohn Heinz sieht hingegen Washington an, dass
er nicht in Form ist, und befürchtet, er werde den nächsten Lauf nicht gewinnen. Zu den Jungen, die mit dem
herrenlosen Hund neben ihm auf der Tribüne sitzen,
sagt Heinz, er werde den nächsten Lauf nicht schaffen,
der „Nigger" seiner Mutter.

Abschnitt 56 (S. 129–131)

Richard Kirsch
will zu Frau
Behrend

Richard Kirsch möchte Frau Behrend besuchen, die jedoch nicht zu Hause ist. Die junge Tochter der Hausbesorgerin redet mit Richard von oben herab, da er nicht

der Erfolgsmensch ist, auf den sie wartet. Er ist zwar Flieger, aber nur einfacher Soldat, dazu noch ohne Auto. Sie denkt in einer fest gefügten sozialen Rangordnung, das Horoskop im *Abendecho* hat ihr einen sozialen Aufstieg in Aussicht gestellt, und nun wartet sie auf einen Prinzen oder Chef, jedenfalls nicht auf einen Amerikaner. Sie schickt Richard zur Lebensmittelhändlerin, bei der er Frau Behrend vielleicht treffe.

Abschnitt 57 (S. 131–132)

Diesmal verliert Washington seinen Lauf beim Baseball-Match, es treffen ihn die Wut und der Ärger der Zuschauer, Odysseus schleudert seine Cola-Flasche aufs Spielfeld. Heinz passt sich der Stimmung an und sagt, der „Nigger" seiner Mutter könne nicht mehr. Die Jungen lachen, der herrenlose Hund heult.

Washington verliert

Christophers Sohn Ezra langweilt das Baseballspiel, da es kein Kampf gegen wirkliche Feinde ist. Er entdeckt Heinz mit dem Hund, vermittelt Christoph zu dessen Verärgerung seine Langeweile und bittet seinen Vater um zehn Dollar. Er brauche sie, falls er verloren gehe oder sich verirre. Christopher geht darauf ein, und beim Verlassen des Stadions wirft Ezra in seiner Fantasie noch schnell eine Bombe auf das Spielfeld.

Ezra bittet um zehn Dollar

Abschnitt 58 (S. 133–134)

Richard Kirsch hat die Lebensmittelhändlerin nach Frau Behrend gefragt, die eine entfernte Verwandte seines Vaters ist und nach dem Krieg von ihm Lebensmittelpakete erhalten hat. Die Händlerin bedrängt Richard und klagt über die „Neger", die man ihnen geschickt habe und auf die sie sich, um nicht zu verhungern, einlassen mussten. In diesem Zusammenhang erwähnt die Händlerin Frau Behrends Tochter, so dass Richard annehmen muss, Frau Behrend habe eine Tochter von einem Afroamerikaner. Richard selbst hat nichts gegen die Afroamerikaner, sie fliegen in den gleichen Maschinen und sind ihm gleich-

Richard besucht die Lebensmittelhändlerin

Richard erhält missverständliche Information

gültig. Doch die Enge quält ihn, er verlässt diese Atmosphäre aus „Mißgunst, Mangel und Illusionen" und lässt Frau Behrend mitteilen, er sei am Abend im Bräuhaus zu finden.

Abschnitt 59 (S. 134–135)

Für Carla ist in der Klinik kein Zimmer reserviert

Carla trifft mit einem kleinen Koffer in der „Schulteschen Klinik" ein und erhält die Nachricht, dass kein Bett für sie bestellt ist. Sie beruft sich auf Dr. Frahm, der angerufen haben müsse, doch bleibt die Schwester in unpersönlichem Ton bei ihrer Information. Da ist Carla erbost über Dr. Frahm, dem sie in der zurückliegenden kargen Zeit so manche Geschenke habe zukommen lassen, setzt sich auf eine Bank und wartet auf ihn. Sie erlebt, wie ebenso unpersönlich andere Interessentinnen am Telefon abgewiesen werden. Die Klinikbetten sind offensichtlich sehr begehrt.

Abschnitt 60 (S. 135–140)

Josef träumt sein Sterben

Josef ist auf der Tribüne im Sitzen eingeschlafen und meint, er liege im Bett eines Armenspitals, in seinem Sterbebett. Die Schwestern trügen Baseballtracht, so träumt er, an der Pforte des Spitals stünde Odysseus mit der Fratze des Dämons auf dem Domturm. Da fragt sich Josef in seinem Traum, ob er gesündigt habe und wofür ihn der schwarze Teufel strafen wolle. Vielleicht sei seine Teilnahme am Krieg und das damit verbundene Töten eine Sünde, und alle Orte seines Kampfeinsatzes im Ersten Weltkrieg fallen ihm ein. Odysseus weckt ihn mit einem Schlag auf die Schulter, denn die heimische Mannschaft, die Red Stars, haben gesiegt.

Washington wird zum Helden

Washington hat die meisten Läufe gewonnen und ist nun der Held, dem alle zujubeln. Er erlebt sich als freier Bürger seines Landes, es gebe keine Diskriminierung, meint er und sieht jetzt Platz für Carla und sein Kind.

Rangeleien zwischen Heinz und den Jungen

Für Heinz ist Washington nun „großartig in Form", er streitet ab, je etwas anderes gesagt zu haben, und prügelt sich mit den Jungen. Schorschi, Bene, Kare und Sepp sind zur Stelle, wissen nicht, was sie machen sollen, da sie das Kinoprogramm schon kennen, und geben sich mit irgendeiner Hoffnung auf den Abend zufrieden. Heinz bemerkt, dass der Hund entlaufen ist, beschuldigt die anderen, und es beginnt eine erneute Prügelei.

Unter der Dusche prüft derweil Washington seine Fitness. Zwar fühlt er sich körperlich noch gut in Form, doch sein Herz, seine Atmung und sein Rheuma machen ihm zu schaffen. Noch ein weiteres Jahr der Sportlerkarriere kann er sich vorstellen, dann würde er mit Carla in Paris ein Lokal mit dem Namen „Washington's Inn" eröffnen. Auf einem beleuchteten Schild müsse stehen: „Niemand ist unerwünscht".

Washingtons Plan für ein Lokal in Paris

Abschnitt 61 (S. 140–142)

In der Schulteschen Klinik wäscht sich Dr. Frahm die Hände und macht Carla deutlich, dass er ihre Schwangerschaft nicht unterbrechen werde. Es fehle ihr nichts, und der Vater wolle das Kind haben. Carla ist verzweifelt und empört darüber, dass Washington in der Zwischenzeit offensichtlich mit Dr. Frahm gesprochen hat. Bedingt durch ihre Schwangerschaft, wird es Carla übel, während Dr. Frahm ihr klarzumachen versucht, dass Washington ein „guter Kerl" sei, dass es ein „hübsches Kind" werde und die Geburt schmerzlos für sie sei. Als Carla damit droht, die Abtreibung von „irgendwem" machen zu lassen, und bereits ins Auge fasst, Frau Welz oder die Huren in ihrem Haus nach einer Adresse zu fragen, macht sie Dr. Frahm, der schon etwas ungeduldig wird, auf die damit verbundenen medizinischen Risiken aufmerksam. Es sei alles nicht so tragisch, sagt er zum Abschied, während Carla das alles für den Tod hält.

Dr. Frahm verweigert die Abtreibung

Abschnitt 62 (S. 142–144)

Frau Behrend erfährt von der Lebensmittelhändlerin, dass Richard Kirsch sie hat besuchen wollen. Nicht nur

Frau Behrend erfährt von Richard Kirschs Besuch

sei sie im Domcafé von ihrer in „moralischen Abgründen" lebenden Tochter gestört worden, nun habe sie auch noch Richards Besuch verpasst, denkt Frau Behrend verärgert. Sie unterstellt der Händlerin, Richard über die Schande ihrer Tochter informiert zu haben, nur so kann sie sich erklären, dass er sie für den Abend ins Bräuhaus bestellt habe, wo er doch in Wirklichkeit sicherlich aus moralischer Entrüstung abgereist sei. Auf diese Weise kann sie Carla die Schuld für den Vorfall geben. Die Händlerin hingegen streitet entrüstet ab, mit Richard über Carla gesprochen zu haben, was ihr Frau Behrend allerdings nicht abnimmt.

Abschnitt 63 (S.144–146)

Philipp auf Dr. Behudes Couch

Philipp denkt an die Fahrten mit seiner Mutter über die Oderbrücke in den Osten, den seine Mutter gehasst hat, der für ihn aber mit Winterfreuden verbunden war. Er liegt auf der Couch von Dr. Behude, der seine Hand auf Philipps Stirn gelegt hat und ihn auf eine Traumreise in den Urlaub schickt. Philipp wird indessen bewusst, dass er noch nie Urlaub gemacht habe oder, wenn man die fehlende literarische Produktivität bedenke, er sich immer im Urlaub befinde. Dr. Behudes Versuch, ihn durch die Vorstellung, auf einer Wiese zu liegen, in einen Zustand der Entspannung zu versetzen, glückt bei Philipp nicht, weil ihn die Natur nicht beruhigt und er an diese Form der Therapie nicht glaubt. Dr. Behude lässt Philipp träumen, zieht sich zurück, denkt an Emilia und ihre Ehe mit Philipp. Dass keiner für eine Ehe tauge, kitte beide zusammen in einer Ehe „mit Eifersucht, Bindung und Treue".

Misslungene Traumreise

Abschnitt 64 (S.146–150)

Emilia sieht Mr. Edwin im Antiquitätenladen

Als Emilia Mr. Edwin im Antiquitätenladen der Frau Voss sieht, fragt sie sich, ob Philipp, wenn er Erfolg hätte, einmal so eindrucksvoll aussehen könne wie Edwin. Aber einerseits möchte sie nicht, dass Philipp Erfolg hat, weil er sie dann verlassen könne, andererseits wünscht sie ihm Erfolg, weil er dann Geld habe. Am liebsten wäre es ihr jedoch, sie selbst käme zu Reichtum, dann wäre sie so gemein, ihn bei seiner Arbeit zu behindern. Edwin, aus Langeweile in den Antiquitätenladen gekommen, sieht sich eine Madonna an, die ursprünglich Philipp gehörte, stellt sie aber wieder beiseite, findet die Antiquitäten zu teuer und zweitrangig. Emilia bietet Frau Voss eine innen vergoldete Tasse mit einem Bild Friedrichs des Großen an, für die sich Edwin interessiert. Da Frau Voss jedoch verlegen wird, weil sie in Anwesenheit von Emilia keinen Preis nennen will, und ihn in ein Nebenzimmer bittet, verzichtet Edwin und wendet sich zum Gehen. Während Emilia meint, Mr. Edwin habe sie überhaupt nicht beachtet, nimmt Edwin sich vor, Emilia und die Tasse in seinem Tagebuch zu erwähnen.

Mr. Edwin interessiert sich für Emilias goldene Tasse

Abschnitt 65 (S. 150–153)

Philipp liegt noch auf der Couch im verdunkelten Zimmer, während im Nebenraum Dr. Behude, von Philipp als „Psychobürokrat" tituliert, die Karteikarte ausfüllt. Philipps Träume kreisen nicht um die Sommerwiese, sondern um die Wintertage in seiner Kindheit, als er seine Puppen für seine Bühne auf der Ofenbank aufgebaut hat. Er kleidet eine Puppe wie Kay, eine zweite wie Emilia als Ophelia aus Shakespeares *Hamlet,* assoziiert Szenen mit seiner Spielkameradin Eva auf dem Eis. Emilias Geldjagd geht ihm durch den Kopf, ihr Alkoholismus, er fantasiert Szenen in ihrer Kneipe, wo sie für eine „Nutte" gehalten wird. Zwar liebe er Emilia, doch besser wäre es, wenn sie sich von ihm trenne. Er bezeichnet sie als „zartes tobendes versoffenes Gespenst der Verzweiflung", weist aber auch sich selbst eine Schuld an ihrem Alkoholismus zu. Emilia ihrerseits beschimpfe ihn während ihrer Wutanfälle als Kommunisten, er selbst sehe sich allenfalls als „Gefühlskommunist", der zwar auf Seiten der Armen stünde, in der Zeit der Diktatur aber keinen Widerstand geleistet habe. Ehe ihn der Schlaf über-

Philipp träumt von Kindheit und Winter

Philipp über seine Beziehung zu Emilia

Philipp, ein „Gefühlskommunist"

mannt, sieht er noch einmal die „nacktbeinige" Eva, die
Tochter des Schulrektors, auf dem Eis ihre Pirouetten
drehen.

Abschnitt 66 (S.153–154)

Held Alexander erschöpft

Alexander ist auf seinem Sofa vor Erschöpfung in traum-
losen Schlaf verfallen. Seiner Rolle als Erzherzog ist er
überdrüssig, er hat während des Krieges bereits eine Rolle als „Ritterkreuzheldenflieger" gespielt, während der
Bombenangriffe im Diplomatenkeller gesessen. Endgül-
tig satt hat er nun die Heldenrolle und fühlt sich abge-
stumpft und schlapp. Seine Tochter Hillegonda kommt
ins Zimmer, weil sie die Frage quält, ob Gott wirklich
böse auf sie und ihre Eltern sein könne. Doch hört sie
nur des Vaters Schnarchen, wird von ihrer Kinderfrau
Emmi gerufen und muss in die Kirche, sich mit ihr „vor
Gott in den Staub beugen".

Abschnitt 67 (S.154–157)

Odysseus und Josef trinken Schnaps

Odysseus winkt Susanne zu sich

Odysseus und Josef sitzen in der Heiliggeistwirtschaft
und trinken Schnaps. Früher, als hier noch das Stadtzen-
trum war, haben sich an diesem Ort die Marktleute getroffen, jetzt ist die Gegend heruntergekommen und
von zweifelhaftem Ruf. Obwohl Josef Odysseus noch bis
zum Abend begleiten und dessen Kofferradio tragen soll,
zahlt Odysseus ihn jetzt bereits aus. Dann winkt Odysseus Susanne heran, die von der Nacht mit dem berühmten Helden Alexander tief enttäuscht ist und sich nun einen Afroamerikaner wünscht. Sie setzt sich zwischen Josef
und Odysseus, der ihren Arm in seinem Nacken spürt.

Abschnitt 68 (S.157–161)

Emilia will eine Halskette ver-kaufen

Emilia hat Herrn Schellack, dem Juwelier, eine Halskette mit Perlen und Diamanten aus altem Familienbesitz
zum Kauf angeboten. Herr Schellack jedoch lehnt das
Angebot ab, weil es Großmutterschmuck sei, der keinen

Wert mehr habe. Im Juwelierladen befindet sich auch die junge amerikanische Lehrerin Kay, die einen Halsschmuck mit Korallen und Granaten betrachtet, der ihr offensichtlich gefällt. Sie würde sich einen solchen Schmuck nie kaufen, geht Emilia durch den Kopf, er sei zu modeabhängig und daher nicht wertbeständig. Kay gefällt Emilia. An ihr entdeckt sie Wesenszüge von sich selbst. Sie wendet sich ihr spontan zu, schenkt Kay ihre Halskette, hängt sie ihr um und empfindet ein Gefühl des Glücks und der Freiheit durch diese Rebellion gegen „Vernunft und Sitte". Kay, mitgerissen von Emilias Gefühlen, schenkt Emilia ihren Reisehut. Daraufhin umarmt Emilia Kay und küsst sie.

Emilia schenkt Kay die Kette

Abschnitt 69 (S. 161–164)

Messalina hat Susanne gesucht und findet sie in der Heiliggeistwirtschaft. Messalina ist in ihrer Kindheit ein eher schüchternes Mädchen gewesen, hat gegen ihre Schüchternheit angekämpft, sie „ins Überdimensionale" ausgeglichen und ist in ihrer Leibesfülle zu einem einschüchternden Menschen geworden. Sie fordert Susanne auf, am Abend Alexander zu besuchen. Susanne bringt vor Messalina zwar nicht den Mut auf, Alexander eine Absage zu erteilen, sondern willigt ein, möchte aber lieber mit Odysseus zusammenbleiben und weiß, dass sie die Zusage nicht einhalten wird. Plötzlich bemerkt Odysseus, dass ihm sein Geld gestohlen worden ist, er wird handgreiflich, woraufhin sich die versammelte Meute auf ihn stürzt, und er kann sich den Beschimpfungen und Tätlichkeiten nur durch die Flucht entziehen. Susanne fühlt sich zu Odysseus schon so stark hingezogen, dass sie mit ihm flüchtet.

Messalina lädt Susanne zu Alexander ein

Odysseus bestohlen

Abschnitt 70 (S. 164)

Emmi und Hillegonda knien in der Kirche auf den Fliesen. Emmi betet zu Gott, er habe die Stadt zerstört und werde sie auch ein weiteres Mal zerstören, da sein Wort

Emmi und Hillegonda in der Kirche

missachtet werde. Da hört Hillegonda Schreie und das Geräusch von Steinen, die gegen die Kirchentür fliegen. Emmi meint, dies sei der Teufel.

Abschnitt 71 (S.164–165)

Odysseus fordert Geld von Josef

Odysseus, Josef und Susanne liegen hinter dem Mauerschutt der Kirche und suchen Schutz vor der aufgebrachten Meute. Odysseus fordert Geld, weil er im Krieg sei, „im alten Krieg Weiß gegen Schwarz", und packt Josef, der sich nicht wehrt, sondern erstarrt. Josef fühlt sich an seine Kriegszeit erinnert, an Töten und Getötet-Werden, hält aber das Kofferradio pflichtbewusst fest.

Abschnitt 72 (S.165–166)

Streit zwischen Carla und Washington

In der „Hurenwohnung" der Frau Welz stehen sich Carla und Washington gegenüber und schreien sich an. Während die Huren glauben, Washington würde es Carla jetzt endlich „zeigen", ist es umgekehrt Carla, die Washington mit Geschirr beschmeißt und ihm vorwirft, bei Dr. Frahm gewesen zu sein und ihre Schwangerschaftsunterbrechung hintertrieben zu haben. Sie „pfeife" auf Amerika, werde ohne sein Kind dableiben, auch wenn sie dabei „drauf gehe". Washington bleibt ruhig, schließt sie fest in die Arme und beschwört ihre gemeinsame, alles überdauernde Liebe.

Abschnitt 73 (S.166–168)

Josef wird erschlagen

Josef wird mit einem Stein erschlagen, entweder von Odysseus oder von der aufgebrachten Volksmenge. Odysseus reißt Josefs Lohn aus dessen Notizbuch und flieht. Als die Meute den von allen geschätzten Josef mit Blut auf der Stirn liegen sieht, schreit sie, der „Nigger" habe Josef umgebracht, und der Kirchplatz füllt sich mit Menschen. Da weiß Susanne, dass sie jetzt fliehen muss, da die Polizei gleich anrücken werde. Ihr wird bewusst, dass ihre Rache für Alexanders Missachtung die falsche

Susanne bereut den Gelddiebstahl

Person getroffen habe, sie hätte Odysseus das Geld nicht stehlen dürfen. Josef wird, da er noch atmet, ins Heiliggeistspital getragen, gefolgt von einem Priester, auf dessen Fersen Emmi und Hillegonda folgen. Die Sirenen der Polizeifahrzeuge sind zu vernehmen.

Abschnitt 74 (S.168–170)

Philipp liebt die Stunde der Dämmerung, des Träumens, wo der Tag mit seinen Arbeitszwängen vorbei ist und der Abend mit den Ansprüchen der Familie noch nicht begonnen hat. Assoziationen zur sizilianischen Landschaft mit ihren Ruinen der Antike stellen sich ein. Dagegen führen ihn die Schlagzeilen der Abendzeitung in die politische Gegenwart mit ihren Bedrohungen. Überall sieht Philipp Fronten abgesteckt, die sich sogar durch die Seelen der Menschen ziehen. Mal könne er so, mal anders denken, wird Philipp bewusst, seine politische Meinung könne er mehrmals am Tag ändern. Alle Menschen seien Blinde und würden unaufhörlich belogen und betrogen. Er selbst sei der „alte Tolerante" zwischen den Fronten, der die Intoleranz der anderen fördere und den jeder hasse. Er wolle „in keiner Mannschaft" spielen.

Philipp als Liebhaber der Dämmerung

Philipp zwischen den Fronten

Abschnitt 75 (S.170–172)

Unter der Leitung von Miss Wescott besichtigen die amerikanischen Lehrerinnen die Stadt, etwas besorgt über das Fehlen von Kay, die, so wird vermutet, vielleicht jemanden kennengelernt habe. Als sie den ehemaligen „Ehrenhain des Nationalsozialismus" überqueren, sehen sie Vögel im Gras sitzen. Miss Burnett vergleicht die Vögel mit ihnen selbst, sie seien ebenso zufällig hier wie die Vögel oder auch Hitler. Vielleicht sei überhaupt die Politik, ja die ganze Welt ein „ein grausamer und dummer Zufall Gottes". Als Miss Wescott ihr entgegnet, sie solle sich lieber für die Weltgeschichte interessieren als für Spatzen, antwortet sie, das sei dasselbe.

Miss Burnetts Vergleich der Menschen mit Vögeln

Abschnitt 76 (S.172–174)

Philipp über seine Beziehung zu Emilia

Philipp hält sich noch im alten Schloss bei einem Weinausschank auf. Er muss sich entscheiden, ob er zu Emilia oder zu Edwins Vortrag gehen solle. Mehr spricht für eine Rückkehr zu Emilia, die jetzt noch nüchtern und verträglich, zu späterer Stunde aber betrunken und widerwärtig wäre. Er gibt sich selbst die Schuld dafür, dass Emilia unglücklich sei, überlegt, ob sie besser die Stadt verlassen und aufs Land ziehen sollten, weiß aber, dass das nicht realistisch ist. Zufällig trifft er den Redakteur

Philipp wird zu Edwins Vortrag geschickt

des *Neuen Blatts,* der ihm vorwirft, Edwin nicht interviewt zu haben, und ihn nötigt, wenigstens zu Edwins Vortrag zu gehen und darüber zu berichten. Philipp erbittet sich das Geld für ein Taxi, wirft sich aber vor, sich und Edwin zu verkaufen.

Abschnitt 77 (S.174–177)

Messalina vor der Schlägerei in die Hotelbar geflüchtet

Messalina hat sich vor der Schlägerei auf dem Heiliggeistplatz in die Hotelbar geflüchtet, um nach der vorübergehenden Verbrüderung mit dem „Proletariat" in der besseren Gesellschaft wieder ihren inneren Halt zu finden. Philipp hätte ihr gesagt, dass gerade das Proletariat puritanisch und freudlos lebe und dass er den Puritanismus für ein Unglück halte. In der ansonsten leeren Bar entdeckt Messalina in einer hinteren Ecke Emilia und die junge Lehrerin Kay, die lachen, trinken, sich umarmen und küssen. Messalina ist beunruhigt und wittert eine Verschwörung. Da erscheint Edwin, trinkt einen

Edwin trinkt Cognac gegen Lampenfieber

Cognac aus einem Rotweinglas, um sein Lampenfieber zu bekämpfen. Er bereut seine Zusage zu diesem Vortrag, macht seine Eitelkeit und seinen Wunsch nach Anerkennung und Beifall dafür verantwortlich. Als er die „gräßliche" Messalina erblickt, flieht er, gefolgt von Kay, die begeistert ist, ihn zu sehen, und deshalb Emilia verlässt. Messalina ist nun vollends verwirrt und bestellt einen dreifachen Cognac. Emilia verlässt die Bar durch eine Tapetentür.

Abschnitt 78 (S. 177–179)

Die untergehende Sonne scheint in Washingtons Wagen, während er und Carla am Flussufer entlangfahren. Carla glaubt wieder an Washington und an ein Leben an der Seine, an ein Lokal in Paris, in dem niemand unerwünscht ist. Ein Wagen mit Christopher und Ezra überholt sie. Christopher hat in einem Antiquitätengeschäft eine Tasse mit dem Bild eines preußischen Königs gekauft, ein Geschenk für seine Frau Henriette, die zwar Amerikanerin, aber in ihrem Herzen doch Preußin geblieben ist. Während Christopher Nationalitätendenken für Unsinn hält und dafür nicht töten würde, träumt sein Sohn Ezra, er brächte Heinz um und den Hund in seinen Besitz.

Carla und Washington glauben an neues Leben

Preußische Tasse als Geschenk für Henriette

Abschnitt 79 (S. 179–180)

Von drei benachbarten Stehkneipen wählt Dr. Behude die eines alten Nazis, weil da manchmal auch Emilia ein Glas trinkt. Von seiner Sprechstunde ermüdet, bestellt er einen Wodka, obwohl er eigentlich keinen Alkohol mag. Es werde bald wieder losgehen mit dem „Tschindradada", bemerkt der Nazi und macht dabei Trommelgesten. Dr. Behude schließt daraus, dass die alten Nazis wieder Oberwasser hätten. Er bestellt einen zweiten Wodka, denkt aber, es wäre besser gewesen, zur Stehkneipe der alten Dirne zu gehen. Doch sein Geld reicht nicht mehr.

Dr. Behude in der Stehkneipe des Nazis

Abschnitt 80 (S. 180–182)

In der Stehkneipe der alten Dirne befindet sich Emilia. Eigentlich will sie nicht betrunken nach Hause kommen, hätte Philipp gern von ihren Einnahmen und dem verschenkten Halsschmuck erzählt. Der Gedanke an Philipp und seine psychologischen Kenntnisse bringt sie dazu, über ihre Beziehung zu der jungen Amerikanerin Kay nachzudenken. Besser wäre es gewesen, nach dem

Emilia in der Stehkneipe der Dirne

Geschenk gleich wegzulaufen, so hätte auch Philipp argumentiert, denn eigentlich habe sie keine Neigung zu jungen Mädchen. An einem Bindfaden führt sie inzwischen einen jungen Hund mit sich, der sich bei ihr wohlfühlt. Emilia hat die alte Dirne zum Trinken eingeladen, sie bewundert ihr gutes Aussehen, ihre jettbesetzten Handschuhe und vor allem ihre Sparsamkeit. Als der Hund mit dem Schwanz wedelt, bildet sich Emilia ein, er habe den guten Menschen in ihr erkannt, und fasst den Entschluss, sich von ihm nicht mehr zu trennen.

Emilia bewundert die Dirne

Abschnitt 81 (S. 182–183)

In der Stehkneipe des Italieners wird Richard Kirsch vom Besitzer darüber belehrt, wie Europa zu verteidigen sei. Die Amerikaner müssten nur ein paar Bomben über dem Osten abwerfen, und sie seien die Sieger. Auf Richards Entgegnung, das hätten schon Hitler und die Japaner getan, erwidert der Italiener, Hitler habe recht gehabt und sei ein großer Mann gewesen. Um sich einem Streit zu entziehen, bricht Richard das Gespräch mit der Bemerkung ab, er müsse ins Bräuhaus.

Richard in der Stehkneipe des Italieners

Abschnitt 82 (S. 183–186)

Josef liegt auf einem Bett in einer Kammer des Heiliggeistspitals, neben ihm knien der Priester, Emmi in strenger Frömmigkeit und Hillegonda. Zu hören sind die Sirenen der deutschen und amerikanischen Polizeiwagen, mit denen nach Odysseus gesucht wird. Josef kommt noch einmal zu sich und sagt, es sei der „Reisende" gewesen. Damit betrachtet er seine Kriegsschuld als beglichen. Ein Priester erteilt die Absolution, und Hillegonda denkt über den ihr vermittelten Sündenbegriff nach. Wenn angesichts eines so strengen Gottes alles Sünde sei, könne man keinem mehr trauen, könne sich hinter der Frömmigkeit sogar der Teufel verbergen. Da ihr Josef leid tut, küsst sie ihm die Hand und weint, ihren Kopf in der Soutane des Priesters versteckend. Emmi

Josef liegt im Sterben

Josef beschuldigt den „Reisenden"

wendet sich dem Priester ärgerlich zu, dies sei ein Schauspielerkind, er solle es strafen, seine Seele retten. In dieser Situation meldet sich das Kofferradio unter Josefs Bahre, eine Stimme in gepflegtem Oxford-Englisch kündigt Mr. Edwin an, der in die Stadt gekommen sei, um die Unvergänglichkeit des europäischen Geistes zu bekunden. Der Priester, der beiläufig zuhört, gewinnt den Eindruck, es werde von einem „falschen Propheten" gesprochen.

Das Kofferradio kündigt Edwin an

Abschnitt 83 (S. 186–187)

Schnakenbach hat sich ins Amerikahaus begeben und den Nachmittag in der Bibliothek verbracht. Er hat sich über den Stand der amerikanischen Forschung zu schlafhindernden Arzneimitteln informiert, sich chemische Formel aufgeschrieben, rechtsdrehende von linksdrehenden Verbindungen unterschieden, ehe ihn der Schlaf übermannt hat. Da die Bibliothek jedem offensteht, viele Sonderlinge dort Ruhe und Wärme finden, wird Schnakenbachs Schlaf nicht gestört.

Schnakenbach schläft vor dem Vortrag in der Bibliothek ein

Abschnitt 84 (S. 188–192)

In den Vorlesungssaal des Amerikahauses strömt eine Vielzahl von Besuchern, um Edwins Vortrag zu erleben. Unter ihnen befinden sich absonderliche Menschen unterschiedlichster Profession und aus allen gesellschaftlichen Schichten. Mit Ausnahme der Kaufleute, die der Veranstaltung fernbleiben, sind alle an Europas Geist und seiner Zukunft interessiert. Dr. Behude sitzt bei den Priestern, Messalina und Alexander stellen sich nahe dem Podium zur Schau, die Lehrerinnen aus Massachusetts haben die vorderste Reihe belegt. Edwin verneigt sich im Blitzlicht der Fotografen, schwitzend vor Angst, aber auch vor Glück über seinen Erfolg und seinen Weltruhm. Zuletzt und nur noch mit Presseausweis trifft Philipp mit der Amerikanerin Kay ein, was Miss Burnett moralisch entrüstet. Edwin, der einen geistesgeschicht-

Edwins Vortrag füllt den Vorlesungssaal

lichen Längsschnitt von der griechischen und lateinischen Antike durch die Jahrhunderte hindurch geplant hat, muss, durch die Unruhe im Saal gestört, erfahren, dass die Technik gegen den Geist rebelliert, die Lautsprecheranlage defekt ist. Während Messalina und Alexander ihre Aufmerksamkeit auf Philipp und Kay richten, ist der ehemalige Gewerbelehrer Schnakenbach in der Bibliothek des Amerikahauses aufgewacht und torkelt in den Saal. Er wird für den Haustechniker gehalten, erhält das Mikrofon, glaubt vor einer Schulklasse zu stehen und schreit ins Mikrofon: „Schlaft nicht! Wacht auf! Es ist Zeit!"

Versagen der Verstärkeranlage

Schnakenbachs großer Auftritt

Abschnitt 85 (S. 192–193)

Heinz schmiedet einen Betrugsplan

Carlas Sohn Heinz beobachtet den von Polizisten bewachten Platz zwischen dem Bräuhaus und dem „Club der Negersoldaten". Er überlegt, wie er an das mit Ezra vereinbarte Geld kommen könne, obwohl der Hund entlaufen ist. Er steht im Eingang der von ihrem Besitzer aufgegebenen Broadway-Bar, noch beklebt mit Fotos nackter Mädchen und durch Schmierereien verunziert. Susanne streift vorbei und besucht, von Polizisten überprüft, den „Club der Negersoldaten". Diese „Nigger" hätten die hübschesten Mädchen, denkt einer der weißen Polizisten.

Abschnitt 86 (S. 193–195)

Behrend spielt im Negerclub

Im „Club der Negersoldaten" spielt die Kapelle des Obermusikmeisters Behrend Jazzstücke und manchmal einen Marsch oder Walzer. An einem Tisch neben der Kapelle sitzt Vlasta, mit der Behrend glücklich zusammenlebt. Er hat Vlasta während des Krieges im Protektorat Böhmen und Mähren kennengelernt, es ist eine Liebesgeschichte geworden, beide haben sich „gegen die Welt gestellt", alle Vorurteile über Bord geworfen und alle Einengungen gesprengt. Vlasta hat sich von ihrem Vaterland, Behrend von seinem bisherigen Leben getrennt.

Behrends Liebesgeschichte mit Vlasta

Susanne liebt „schräge" und ekstatische Musik, für sie spielt die Kapelle zu gemächlich und langweilig. Obwohl sie weiß, dass jeder Mann im Saal sie begehre, sucht sie doch Odysseus, zu dem sie sich zugehörig fühlt. Zwar habe sie ihm das Geld gestohlen, aber dass er es wohl gewesen sei, der Josef erschlagen hat, werde sie nicht verraten. Besser wäre es jedoch gewesen, es hätte Messalina und Alexander getroffen. Da sich Susanne von der Welt „ausgestoßen und mißbraucht" fühlt, liebt sie jeden, der sich gegen diese Welt zur Wehr setzt.

Susanne sucht Odysseus

Abschnitt 87 (S. 195–196)

Heinz beobachtet, wie Washington und seine Mutter Carla in den „Club der Negersoldaten" gehen. Da sie dort lange nicht mehr gewesen sind, vermutet Heinz, es habe sich etwas Bedeutungsvolles ereignet, und er ist beunruhigt. Er überlegt, ob die beiden vielleicht nach Amerika fahren wollten, ob er dann mitfahren solle, ob es nicht besser wäre, er ginge nach Hause. Dann aber taucht Ezra auf, und er kann sich der Situation nicht mehr entziehen.

Heinz sieht Carla und Washington in den „Negerclub" gehen

Abschnitt 88 (S. 196–198)

Richard Kirsch ist in Begleitung eines hübschen „Fräuleins", das sich von ihm bereitwillig hat ansprechen lassen. Richard hat zunächst Bedenken gehabt, das Mädchen könne vielleicht krank sein, davor hat man ihn in Amerika gewarnt, doch geht er über seine Bedenken hinweg. Das Fräulein, Verkäuferin in einem Warenhaus, möchte mit Richards Begleitung den trostlosen Abenden im Elternhaus entgehen, dem Radiohören, den Sprüchen des Vaters, unter Hitler sei alles ganz anders gewesen, der Trauer der Mutter über den Verlust des Hausrats. Ihre Eltern, so meint sie, seien „unheiter, unglücklich, vergrämt", wohingegen die amerikanischen Jungens die weite Welt verkörperten. Obwohl sie gerne tanzen gegangen wäre, lässt sie sich auf einen Besuch des Bräuhauses ein.

Richard in Begleitung eines Fräuleins

Familienabende nach verlorenem Krieg

Abschnitt 89 (S. 198–201)

Verbrüderung im Bräuhaus

Das Bräuhaus ist überfüllt, die „Volks- und Völkergemeinschaft" in Stimmung, das Bier fließt, die Kapelle spielt Schlager und Volkslieder. Aus dem Dienstmann Josef ist inzwischen ein Taxifahrer geworden, der, so geht das Gerücht, von einem schwarzen Soldaten ermordet worden sei. Als die Kapelle Hitlers Lieblingsmarsch anstimmt, erheben sich die Menschen, Deutsche wie Amerikaner, von ihren Plätzen im Rausch einer allgemeinen Verbrüderung. Der junge Ezra allerdings fühlt sich bedrängt durch die baumlangen Menschen, Frau Behrend sucht Richard unter den Amerikanern, deren undisziplinierte Haltung sie kritisiert. Schließlich glaubt sie, Richard eng neben einem Mädchen sitzen zu sehen. Als Richard seinerseits merkt, dass Frau Behrend ihn beobachtet, möchte er nicht erkannt werden von der „Tante mit der Negertochter", wie er irrtümlich meint. Er küsst das Mädchen neben sich, und Frau Behrend wendet sich von ihm ab. Richard würde sich so schlecht nicht benehmen.

Frau Behrend und Richard kommen nicht zusammen

Abschnitt 90 (S. 202–203)

Carla trifft ihren Vater im Bräuhaus

Carla und Washington möchten im „Negerclub" ihre Zukunft feiern, in der niemand mehr unerwünscht wäre. Da erkennt sie, ohne ihn gesehen zu haben, ihren Vater schon an der Art, wie er den Jazz spielt. Von ihm mit Washington gesehen zu werden, ist ihr nun nicht mehr peinlich. Als sie sich einander vorstellen, sind alle zunächst ein wenig verlegen, doch schlägt die Befangenheit in Zuneigung um, und Herr Behrend spielt einen richtigen „Hot Jazz". Susanne hat inzwischen Odysseus gefunden, sie halten sich umschlungen, von den Ereignissen erregt, und tanzen so geschmeidig wie eine Schlange, ein „gegen die Welt" gerichtetes Wesen.

Abschnitt 91 (S. 203–204)

Heinz fühlt sich auf dem Kriegspfad, blickt von der Ruine aus in den Saal des Bräuhauses. Da er niemanden erkennen kann, schleicht er sich selbst in den Saal und entdeckt Frau Behrend, seine Großmutter, in der Menschenmenge. Er mag seine Großmutter nicht und beschließt, ihr einen Streich zu spielen. Er kippt das Schnapsglas ihres Nachbarn in ihren Bierkrug.

Heinz schleicht ins Bräuhaus

Abschnitt 92 (S. 204–205)

Im Bräuhaus fühlt sich Ezra zwischen seinem Vater Christopher und der Menschenmenge eingeengt und fürchtet zu ersticken. Da gibt ihm Heinz ein Zeichen, er solle kommen. Seinem Vater sagt Ezra, er gehe zum Auto, und bittet ihn, möglichst bald nachzukommen, er wolle nach Haus. Christopher gefällt es im Bräuhaus, er nimmt sich vor, danach noch einmal zurückzukehren.

Heinz und Ezra ziehen sich zurück

Abschnitt 93 (S. 205–206)

Das Gerücht, ein „Neger" habe gemordet, erreicht inzwischen auch Frau Behrend, die sich über die Schande entrüstet. Das bringt ihr die Sympathien eines Geschäftsmanns neben ihr ein, der ihr eine „anständige Gesinnung" attestiert. Daraus, dass ihr Mann mit einem ausländischen Mädchen, ihre Tochter mit einem Afroamerikaner zusammen ist, der amerikanische Neffe sie im Stich gelassen hat, schließt sie, dass man sich mit Ausländern nicht auskenne. Dank ihrer guten Gesinnung geben ihr die Nachbarn noch einen Schnaps und ein Bier aus.

Frau Behrends „anständige Gesinnung"

Abschnitt 94 (S. 206–208)

Ezra möchte zuerst den Hund sehen, aber Heinz führt ihn in das zerstörte Geschäftshaus gegenüber auf einen Mauerstumpf. Heinz beabsichtigt, Ezras Zehn-Dollar-

Heinz und Ezra kämpfen und stürzen

Schein schnell zu packen und zu verschwinden, doch Ezra möchte zuvor den Hund seinem Vater zeigen. Da durchschaut Heinz Ezras Plan, es entwickelt sich ein Streit und die Jungen beginnen zu kämpfen. Durch die Erschütterung bricht die Mauer ein, und Heinz wie Ezra schreien um Hilfe. Die Sirenen der deutschen wie amerikanischen Polizeiwagen heulen auf.

Abschnitt 95 (S. 208–209)

Angriff auf den „Negerclub"

Das Gerücht, die „Neger" hätten ein Kind in die Ruine gelockt und umgebracht, verbreitet sich im Bräuhaus. Die aufgebrachte Menge stürzt nach draußen, auch Christopher, der nach seinem Sohn Ezra ruft. Da der „Negerclub" vielen ein Ärgernis ist, auch wegen der Mädchen, die sich mit Schwarzen einließen, richtet sich die Wut der Menschen gegen ihn. Auch Frau Behrend ist dabei, betrunken zwar, aber mit „vorzüglicher" Gesinnung. Schon zerbrechen die ersten Scheiben unter den geworfenen Steinen.

Abschnitt 96 (S. 209–216)

Edwin als Charlie Chaplin

Philipp erlebt Edwin als vom Lautsprecher beherrscht, und er muss an Charlie Chaplin denken, an jene Filmszene, in der Chaplin freundlich ins Mikrofon spricht, während die Zuhörer nur das Brüllen der Lautsprecher wahrnehmen. Die meisten Zuhörer Edwins schlafen inzwischen, Dr. Behude hat Schnakenbach vom Mikrofon geholt und denkt über Schnakenbachs ursprünglich intaktes physikalisches Weltbild nach, das durch den Krieg, dem er sich entzogen hat, zutiefst erschüttert worden ist. Ein neues, an den Schriften namhafter Physiker orientiertes Bewusstsein habe Schnakenbach entwickelt, eine moderne Vorstellung des Kosmos. Die nicht

Gedanken der Zuhörer

schlafenden Zuhörer hängen unterschiedlichen alltäglichen Gedanken nach. Kay hört zu, versteht aber nichts. Philipp erkennt Edwins Größe und ist gerührt von dessen vergeblichem Versuch, vor den Zuhörern das von ihm geahnte Unheil zu verschleiern. Kays Halsschmuck passe nicht zu ihr, denkt Philipp, bemerkt jedoch nicht, dass die Kette von Emilia stammt. Ihm wird aber bewusst, dass Emilia ihn einschränkt, dass er durch ihre Liebe gefesselt ist und sich auf der Suche nach Freiheit verlaufen hat. Derweil sieht Mr. Edwin die Zukunft der Freiheit im europäischen Geist. Er wendet sich gegen die von ihm nicht geschätzte Schriftstellerin Gertrude Stein, die die Menschen als „Tauben im Gras" sehe und damit das Sinnlose und Zufällige der menschlichen Existenz hervorhebe. Miss Wescott horcht auf, hatte doch bereits Miss Burnett die Menschen mit Vögeln verglichen. Philipp bemerkt, dass Edwin sich nun auf Goethe bezieht, der die Entwicklung des Menschen durch das Gesetz, nach dem er angetreten ist, bestimmt sieht. Edwin erkenne allerdings nicht die Freiheiten, die dem Menschen innerhalb dieses Gesetzes blieben. Nach Edwins letztem Wort knacken und knirschen die Lautsprecher weiter.

Die Menschen als „Tauben im Gras"

Abschnitt 97 (S. 216–218)

Die auf den „Negerclub" geworfenen Steine und die Glasscherben erschrecken die Menge, von denen die Älteren erkennen, dass schließlich sie es sind, die das Zerstörte bezahlen müssen, und dass schon einmal das Unheil mit Scherben begonnen hat. Auch Christopher und Richard versuchen, beschwichtigend zu wirken und Amerika, auch das schwarze Amerika, zu verteidigen. Die Afroamerikaner im Innern des Clubs sind zwar entschlossen, Widerstand zu leisten, aber wie gelähmt angesichts der weißen Menschenmasse. Susanne zieht Odysseus mit sich fort, und sie fliehen über Nebenstraßen. Ezra und Heinz haben sich von den Trümmersteinen befreien können und sind voller Scham aus ihren Traumwelten erwacht. Als Washington und Carla aus dem „Negerclub" kommen, ruft Frau Behrend: „Da ist er!" Da sie ihren Ausruf nicht weiter kommentieren will, sehen die Geschäftsleute in Washington den „Taximörder", erneut brandet eine Welle der Gewalt hoch, Steine

Die Ruhe vor dem Sturm

Frau Behrend löst eine Welle der Gewalt aus

werden geworfen. Sie treffen Carla und Washington, Richard Kirsch und Heinz, der gerade mit einem Ruf nach seiner Mutter zu Washingtons Wagen rennt. Sie treffen schließlich auch den „oft berufenen europäischen Geist".

Abschnitt 98 (S. 218–220)

Emilia friert in
ihrem Haus

Zunächst fürchtet sich der von Emilia angenommene Hund vor den anderen Tieren in ihrer Villa, aber sie weiß, er wird sich eingewöhnen. Emilia friert in ihrem alten Haus, das sie hasst, das sie aber nicht für immer verlassen könnte. Die von Philipp aufgehängten Bilder starren sie an, verhöhnen sie, verweisen auf den Verfall. Obwohl sie Philipps wegen nüchtern bleiben will, möchte sie dennoch nicht wie ein Einsiedler leben und entschließt sich, auf Messalinas Party zu gehen.

Abschnitt 99 (S. 220–223)

Philipp sieht
Edwin als einen
unglücklichen
Bruder

Als Philipp Kay aus dem Saal führt, verbeugt sich Edwin gerade schamvoll mit verschlossenen Augen, als wäre das Klatschen für die Zuschauer eine Geste, mit der sie Edwins lästige Gedanken von sich streifen wollten. Philipp malt sich einen Dialog mit Emilia aus, in dem er Edwin als seinen „unglücklichen Bruder" bezeichnet, dessen Worte keine Wirkung hinterlassen hätten und wie eine Lawine ins Tal der Zeit gerollt seien. Philipp und Kay können allen Bekannten entkommen, die Lehrerinnen aus Massachusetts verzichten darauf, Kay suchen zu lassen. Sehnsucht nach Romantik, Abenteuer und Hin-

Kay schließt sich
Philipp an

gabe, aber auch der Überdruss gegenüber den Kolleginnen und der mit Emilia getrunkene Whisky bewegen Kay dazu, Philipp zu folgen. Zwar hätte sie sich lieber Edwin hingegeben, aber von einem deutschen Dichter verführt zu werden, ließe sich zu Hause auch erzählen. Philipp möchte Emilias Haus meiden und entschließt sich für das kleine, allerdings schäbige Hotel. Deutlich wird ihm bewusst, dass er nicht Kay selbst will, sondern die Weite, das „junge Land", die Zukunft.

Abschnitt 100 (S. 223)

Odysseus und Susanne liegen in der Kammer einer Kriegsruine. Die Körper, ein weißer und ein schwarzer, sind miteinander vereint und „schlängeln" sich auf den Kissen und liegen wie auf einem Floß, „das in die Unendlichkeit segelte".

Odysseus und Susanne vereint

Abschnitt 101 (S. 223–224)

Auf dem Nachhauseweg erklärt der halb schlafende Schnakenbach dem ihn stützenden Dr. Behude sein Weltbild. Die Welt sei eine Unendlichkeit von kleinsten Pünktchen, Kraftstationen, die jederzeit explodieren könnten. Sie seien wie Sand in jene Form geweht, die wir als unser Ich bezeichneten. Dr. Behude kann das nicht ernst nehmen, räumt aber ein, dass wir in dieser Welt nicht mehr zu Hause seien, auch Edwin habe keine Lösung gewusst.

Schnakenbachs Philosophie

Abschnitt 102 (S. 224–225)

Edwin hat sich der Gesellschaft unauffällig entzogen und geht durch die Gassen der Altstadt, von seinem jung gebliebenen Herz getrieben. Bene, Kare, Schorschi und Sepp erwarten ihn, sehen einen „alten Deppen", aber gleichzeitig auch einen reichen Freier und erwarten ein einträgliches Geschäft. Edwin findet sie stolz und schön, sieht aber nicht ihre geballten Fäuste.

Edwins Ende

Abschnitt 103 (S. 225–226)

Messalinas Fest bleibt trübsinnig und trostlos, eine fröhliche Stimmung kommt nicht auf. Emilia betrinkt sich und baut so die bösartigen, aggressiven Strukturen ihrer Persönlichkeit systematisch auf. Wieder erlebt sie sich als die um ihr Erbe betrogene Kommerzienratserbin, der die Gesellschaft gleichgültig ist. Sie geht nach Haus zu ihren Tieren, um zu schreien und zu toben.

Emilia auf Messalinas trostloser Party

Abschnitt 104 (S. 226–227)

Philipp und Kay im Hotelzimmer

Das schäbige, geschmacklos eingerichtete Hotelzimmer könne nicht das Heim eines deutschen Dichters sein, denkt Kay. Philipp errät ihre Gedanken, glaubt, er müsse Kay jetzt ohne Zärtlichkeit schnell überwältigen, doch spürt er nur sein kaltes Herz. Nachtluft kommt durch das Fenster, das Leuchtschild des Kartenspielclubs scheint herein. Plötzlich hören sie einen schrillen engli-

Edwins Hilferuf

schen Hilferuf. Sie erkennen Edwins Stimme. Philipp bleibt ungerührt, Kay möchte gehen. Sie legt den ältli-

Kay legt Emilias Halsschmuck ab

chen Halsschmuck, Emilias Geschenk, auf die Fenster-bank, blickt aus dem Fenster und denkt, Philipp sei so arm wie dieses Zimmer. Dies sei sein deutscher Wald, in dem er wandle und dichte.

Abschnitt 105 (S. 227–228)

Vom Turm schlägt es Mitternacht, die Zeitungen sind ge-

Die Bedrohung bleibt

setzt und werden gedruckt. „Unglück, Not und Verbre-chen" sind die Themen, die Menschen ratlos, verängs-tigt, verzweifelt. Die Nachrichten, die bald an den Kiosken hängen, trösten nicht. Flugzeuge sind zu hören, aber noch kein Alarm. Deutschland lebt auf der Grenze zweier sich feindlich gegenüberstehender Welten. Es bleibt nur noch eine Sekunde „auf einem verdammten Schlachtfeld".

Die Figuren

Philipp

Philipp, eine der Hauptfiguren des Romans, durchlebt gerade eine Phase tiefer Verunsicherung. Als Schriftsteller leidet er schon seit Jahren an mangelnder Gestaltungskraft, fühlt sich „wie gelähmt" (S. 104), und ein literarischer Durchbruch ist auf absehbare Zeit nicht zu erwarten. Zwar hat er in früheren Zeiten bereits ein Buch verfasst, das während des Hitler-Regimes verboten wurde, doch ist dieses Buch in den Wirren des Krieges nicht wahrgenommen worden und untergegangen. Jetzt zweifelt Philipp bereits daran, ob er sich überhaupt noch als „Schriftsteller" bezeichnen dürfe, schließlich sei er nur Schriftsteller, weil er im Einwohnerregister mit dieser Berufsbezeichnung geführt werde. Dementsprechend ist sein äußeres Erscheinungsbild wenig freudvoll. Die sparsamen Informationen, die der Leser über sein Äußeres erhält, stammen von einer jungen Journalistin des *Abendechos,* die Philipp als „bekümmert" (S. 98) aussehend wahrnimmt, und der jungen amerikanischen Lehrerin Kay, die ihn als möglicherweise charaktervoll und als einen Dichter einschätzt, der vielleicht einmal „in einem Bombenkeller verschüttet" (S. 101) gewesen sein könnte. Ganz vernichtend ist Messalinas Urteil über Philipp. Sie bezeichnet ihn als „Kaffeehausliterat", „dabei ernst, die wahre Vogelscheuche" (S. 54), und bedauert seine Frau Emilia.

Wie sich Philipps Aussehen nur im Spiegel anderer Romanfiguren rekonstruieren lässt, so wird auch sein Alter im Romantext nicht deutlich benannt. Indessen geben seine Erinnerungen an einzelne Kindheitserlebnisse einige Hinweise. So nimmt Philipp in einer seiner Traumvisionen noch einmal als kleiner Junge im Matrosenanzug mit einer Mütze, deren Band die Aufschrift „S. M.

Philipps Situation als Schriftsteller

Äußeres Erscheinungsbild

Philipps monarchistische Kindheit

SCHIFF GRILLE" trägt (S. 20), an einem Fest teil, auf dem die „Damen des Luisenvereins" Szenen aus *Germania und ihre Kinder* spielen. Da die Buchstaben S. M. „Seiner Majestät" bedeuten, muss dieses Fest noch zu Zeiten Kaiser Wilhelms II. stattgefunden haben. Der junge Philipp hat somit noch an einer monarchistischen Feier teilgenommen, dürfte also 1951, zur Zeit des Romangeschehens, etwas älter als vierzig Jahre sein. Darauf deuten auch die Wahrnehmungen des Schriftstellers Edwin und der jungen Lehrerin Kay. Als sich der erheblich ältere, berühmte Dichter Edwin und Philipp zufällig begegnen, erkennt Edwin in Philipp einen Schriftsteller, dessen Erscheinungsbild er mit der Bemerkung kommentiert, „wenn dieser Mann jung wäre, könnte er ein junger Dichter sein". Bedauernd fügt er hinzu, er hätte es begrüßt, „in dieser Stadt einen jungen Dichter zu treffen" (S. 111), Philipp stünde hingegen Edwins „eigener Zweifel, die eigene Trauer, die eigene Sorge" (vgl. 112) ins Gesicht geschrieben. Auch Kay kommt zu dem Schluss: „Er ist nicht mehr jung, aber er ist bestimmt sehr berühmt" (S. 101).

Edwins und Kays Wahrnehmungen

Dieser schon etwas gealterte, literarisch nicht mehr produktive Schriftsteller Philipp wird in einer für ihn typischen Situation in den Roman eingeführt. Er ist vor den wilden, aggressiven Ausschweifungen seiner alkoholkranken Ehefrau Emilia in ein trostloses Hotelzimmer geflohen und hat, vom Straßen- wie Hotellärm belästigt, keinen Schlaf gefunden. Er habe sich der Sünde der Verzweiflung hingegeben, so kommentiert der Erzähler, die „Flügel der Erinnyen" (S. 15) hätten gegen sein Fenster geschlagen. Mit der Sünde der Verzweiflung spielt der Erzähler auf den Philosophen Sören Kierkegaard an, der die Verzweiflung, da sie eine Abkehr vom Glauben ist, als Sünde deutet. Einen Sprung in die griechische Mythologie vollzieht der Erzähler mit der Erwähnung der Erinnyen, der Rachegöttinnen, die Philipp für seine Flucht vor Emilia strafen. Schließlich bucht Philipp das schäbige Zimmer, verunsichert, aber froh, sich so den misstrauischen Fragen und Blicken des Hotelwirts entziehen zu können, trotz allem noch für eine zweite Nacht.

Philipp auf der Flucht vor Emilia

Die Sünde der Verzweiflung

Die Rachegöttinnen

Die Neigung, sich durch Flucht einer Situation zu entziehen, die verantwortliches oder entschiedenes Handeln erfordert, und der mit Schuldgefühlen verbundene Zweifel an sich selbst sind denn auch die auffallendsten Persönlichkeitsmerkmale, die Philipp während des kurzen Romangeschehens erkennen lässt. Zwar flieht er vor Emilias Vorwürfen, er sei als Schriftsteller ein Versager, vor Emilias blindem Wüten in Phasen der Trunkenheit, vor ihren Haustieren, ihren Möbeln, von denen er sich gehasst glaubt, entwickelt aber gleichzeitig Schuldgefühle und bewertet Emilias Alkoholismus auch als Reaktion auf seine mangelnde Produktivität. Angebote, für den Filmstar Alexander ein Drehbuch zu schreiben, lehnt er entrüstet ab, weil er sich auf die falsche Gefühlsseligkeit (vgl. S. 56) des deutschen Nachkriegsfilms nicht einlassen will. Eine Vertretertätigkeit für einen Patentkleber nimmt er zwar zunächst an, doch bereits in der ersten Verkaufssituation entwickelt er nicht den Mut, seinen Kleber, den er als „völlig lächerlichen und unnützen Gegenstand" (S. 57) abwertet, an den Mann zu bringen, und entzieht sich der Situation. Von grotesker Komik ist auch Philipps Zusammentreffen mit Messalina in der Halle von Edwins Hotel, wo er den lästigen Fragen dieses „lustwütigen Weibes" (vgl. S. 53) schließlich nur durch eine Grobheit entkommen kann. Seinen Auftrag, den von ihm verehrten Dichter Edwin für das *Neue Blatt* zu interviewen, nimmt er, verunsichert und befangen durch Edwins Weltruhm, nicht wahr. Dass er daraufhin sich in einer Kette peinlichster Verwechslungen verstrickt und nicht die Energie und Entschiedenheit besitzt, für endgültige Klarheit zu sorgen, spricht für Philipps resignative Zögerlichkeit. Wieder auf der Flucht, irrtümlich in den Hotelhof geraten, trifft er schließlich doch den seinerseits vor Messalina geflohenen Edwin, vermag aber kein Gespräch mit ihm zu beginnen. Die „Verwirrung triumphiert" (vgl. S. 111), „statt vorzutreten" geht er „einen Schritt zurück" (ebd.), was auch Edwin zum Rückzug bewegt, so dass eine persönliche Begegnung zwischen den beiden Schriftstellern

Flucht als Leitmotiv

Philipp entzieht sich der Arbeitswelt

Kette peinlicher Verwechslungen

Kein Gespräch mit Edwin

nicht zustande kommt. Als Philipp nach Edwins Vortrag mit Kay zum Hotel geht, spürt er deutlich, dass seine Gefühle weniger von Kay selbst, als vielmehr von der Weite und der Jugendlichkeit ihres Landes angesprochen werden, für Kay sei er ein Teil der Reiseromantik, sich selbst fühlt er als „ältlicher Strichjunge" (S. 222). Im Hotelzimmer verzichtet Philipp auf entschlossenes Verhalten und überlässt es Kay, auf ihre Weise zu fliehen.

Einerseits lässt sich Philipps Persönlichkeit mit seiner Neigung beschreiben, Anforderungen auszuweichen. Damit einher geht seine hohe Sensibilität, die in vielen sozialen Situationen dazu führt, dass er unsicher wird, dass er keine angemessene Verhaltensweise findet, den Menschen ausgeliefert ist und ein Leidender wird. Andererseits wird er auch auffallend oft in Situationen des Träumens, des eher inneren Erlebens gezeigt, so dass man meinen könnte, der Traum, die Fantasie sei eine Art Kompensation für die von ihm nur unzureichend bewältigte Realität. Diesen Zusammenhang deutet bereits Emilia an, als sie den geöffneten Bücherschrank betrachtet und auf der einen Seite die ungelesenen Prachtbände ihrer Vorfahren, auf der anderen Seite Philipps „zerlesene vergebens befragte Bände" (vgl. S. 33) sieht. Philipp bezeichnet sie als „unermüdlichen Leser" (vgl. ebd.), der seine Literatur zergliedert und seziert habe.

Dem Leser entspricht auch der Träumende. Schon während seiner Schulstunden hat Philipp geträumt, er fahre in einem Auto durch die menschenleere Stadt, eine Vision seiner Heimatstadt, die sich durch die Geschehnisse des Krieges verwirklicht hat. Der Psychiater Dr. Behude schickt Philipp zum Abbau seiner Spannungen auf Fantasiereisen, denen gegenüber Philipp allerdings Widerstände aufbaut. Statt sich auf eine Sommerwiese zu träumen, schweift er in die Vergangenheit, in die harten Wintertage seiner Kindheit im Osten, in sein „Kinderland", die Kälte, den Frieden, den Schnee (vgl. S. 144). In seiner regressiven Traumwelt zieht er für sein kleines Theater auf der Ofenbank seine Puppen an, kleidet eine Puppe wie Emilia, sieht wieder seine Kinderfreundin

Eva, die Tochter des Schulleiters, mit nackten Beinen auf dem Eis tanzen. Auf diese Weise und gegen Dr. Behudes Therapiekonzept träumt sich Philipp an seine Beziehung zu Emilia heran, an die paradoxe Situation, dass Emilia ihn hasse, weil sie für seinen Lebensunterhalt sorgen müsse, wenn er jedoch etwas geschrieben hätte, den Text zerreißen würde. Währenddessen kommt Dr. Behude zu der nicht weniger paradoxen Einsicht, dass es von Philipp und Emilia „pervers" (S. 146) gewesen sei, eine Ehe einzugehen, dass die Untauglichkeit der beiden für eine Ehe aber andererseits gerade die Ehe zusammenhalte.

Dr. Behude zu Philipps Ehe

Während sich Philipp gegen Dr. Behudes Therapiekonzept der Fantasiereise sträubt, überlässt er sich gerne der von ihm geliebten „heure bleue" (S. 168), der Stunde zwischen Tag und Nacht, wo die Welt in der Schwebe hängt (vgl. ebd.) und der Himmel einen immer blaueren Farbton annimmt. In solchen Situationen ergeht sich Philipp in Fantasien von antiken Tempeln und Theatern, und er erkennt, an Enttäuschungen gewöhnt, die „hohlen Phrasen" der „offiziellen Welt" (vgl. S. 169). Dann wird ihm bewusst, dass er in dieser Gesellschaft die lächerliche Rolle des „alten Toleranten" spiele, der alle Meinungen anhöre und damit gerade „die Intoleranz fördere" (vgl. S. 170). Da Philipp Gewalt als Mittel der Politik ablehnt, hat er der Diktatur keinen Widerstand entgegengesetzt, kann er allenfalls als ein „Gefühlskommunist" (S. 152) gelten. So überwiegen in Philipp die eher rezeptiven, gefühlsbetonten, tendenziell auch regressiven Persönlichkeitsanteile.

Die Stunde zwischen Tag und Nacht

Emilia

Bereits bei Emilias Einführung in das Romangeschehen wird der Leser mit ihrer breiten Gefühlspalette, ihrer ungebändigten Aggressivität und der Widersprüchlichkeit ihres Denkens konfrontiert. Emilia hat, durch ihren Alkoholkonsum aus der Fassung geraten, die Nacht in

Emilias breite Gefühlspalette

ihrem Haus getobt, wutschreiend gegen die Türen getreten und so wieder einmal gegen den Verlust ihres Erbes protestiert. Sie hat den Morgen verschlafen, wird von ihren Tieren geweckt und bemerkt, dass sie Philipp durch ihre unkontrollierte, destruktive Wut vertrieben hat. Mit Zorn und Liebe zugleich denkt sie an Philipp, befriedigt sich selbst in einem Akt der Aggressivität, aber auch der versuchten Selbstfindung.

Emilias Zerrissenheit

Deutlich wird in dieser Einstiegsszene Emilias Zerrissenheit, die ihr fehlende Fähigkeit, sich mit ihrem Lebenskontext zu arrangieren und ihn zu gestalten. Dies mag damit zusammenhängen, dass Philipp sie bereits in jungen Jahren, oder wie Emilia selbst es formuliert, „jung und nackt" aus dem „Glauben an den Besitz" (S. 219) in die Welt des Intellekts und damit in die Welt der Armut geholt habe. In der Tat wird Emilias Jugendlichkeit, ja Kindlichkeit sowohl vom Erzähler als auch von den Romanfiguren immer wieder hervorgehoben. Der Erzähler verweist auf Emilias „fast noch kindlichen Leib", ihre „hübsche Gestalt" (S. 31), die „kindlich gebliebenen Schenkel" (vgl. S. 33) und bezeichnet sie als „kleines Mädchen" (S. 32). Auch Messalina nimmt sie als kleines Mädchen wahr, „eine feine Gestalt ein feiner Kopf" (S. 54), hebt ihren sinnlichen Mund hervor und ihren „Knabenkörper" (ebd.). Als Emilia beim Juwelier Schellack die junge amerikanische Lehrerin Kay beobachtet, hält sie sie für „das nette Mädchen das ich vielleicht hätte werden können" (S. 159), tauscht später mit ihr Küsse aus, „kleine Mädchenpensionatsküsse" (S. 175). Kay findet ihrerseits „diese kleine verrückte Deutsche" (S. 176) entzückend und will nicht glauben, dass Emilia bereits verheiratet ist.

Kindliche, knabenhafte Erscheinung

Emilias Wirkung auf Männer

Emilias knabenhafter Körper, ihre Ausstrahlung einer Kindsfrau tragen nicht wenig dazu bei, dass die Männer ihres Bekannten- und Geschäftskreises sich von ihren Reizen angesprochen fühlen und ihr sogar wie der Antiquitätenhändler Unverlacht mit „geiler Zärtlichkeit" (S. 94) begegnen. Herr Unverlacht duzt sie kurzerhand, fasst sie am Kinn an, betastet ihren „jungen und strammen Hintern" (ebd.) und bezeichnet sie als „Sissi", die sechzehnjährige Kaiserin Elisabeth von Österreich. Bei ihm lässt sie sich so ungezwungen in einen Schaukelstuhl fallen, dass Herr Unverlacht vom Anblick ihrer „Kinderschenkel", dem „müde verzogenen Gesicht eines müden und verzogenen kleinen Mädchens" (vgl. S. 95) in Erregung versetzt wird. Die Antiquitätenhändlerin de Voss redet Emilia grundsätzlich mit „Kindchen" (S. 148) an, der Dichter Edwin sieht in ihr die „junge Frau" (vgl. S. 149), der er eigentlich hätte helfen müssen.

Andererseits ist Emilia von ihren Alkoholexzessen, ihren Rebellionen gegen ihre Lebenssituation, ihrer Unzufriedenheit in der Beziehung mit Philipp bereits deutlich gezeichnet. Als das Tageslicht in ihre Wohnung dringt, beschreibt der Erzähler ihren Körper mit wenig schmeichelhaften Worten: „Emilias Schultern sackten ein, die Schlüsselbeinknochen traten hervor, ihr Fleisch verlor an Frische, und ihre Haut, ihre Jugend, war wie mit abgestandener, mit geronnener Milch übergossen" (S. 31 f.). Herr Unverlacht behandelt Emilia „wie ein kleines verhurtes Gassengör" (S. 95), und auch Philipp sieht in seinen Traumvisionen, wie sie sich in der Stehkneipe mit den Prostituierten betrinkt und für eine von ihnen gehalten wird. Bald werde sie wie Messalina aussehen, meint Philipp, eine „Suffvisage" (S. 151) bekommen und nur noch ein „kleines zartes tobendes versoffenes Gespenst der Verzweiflung" (S. 152) sein. Immer wieder greift Philipp, um die nüchterne und deshalb liebenswürdige von der betrunkenen und tobenden Emilia abzugrenzen, auf Dr. Jekyll und Mr. Hyde zurück, eine Person aus einer Erzählung von Robert Louis Stevenson. Dr. Jekyll hat mit Hilfe eines Elixiers dem Bösen in ihm in eine eigene, Mr. Hyde genannte missgebildete Gestalt verliehen, die zunehmende Macht über ihn gewinnt. So verleiht der gebildete Leser Philipp der kaum noch rational zu erfassenden Wandlung Emilias eine literarische Dimension.

Sicherlich ist Emilias Verzweiflung über das geschwundene Erbe verständlich: Hat sie sich als Kind in der Vor-

Folgen der Alkoholexzesse

Vergleich mit Dr. Jekyll und Mr. Hyde

Anlass für Emilias Verzweiflung

stellung gewiegt, künftig ein Leben in Reichtum und Müßiggang führen zu können, so ist durch Krieg und Währungsreform das angelegte Kapital verfallen und finden die Immobilien in der gegenwärtigen Zeit keine Käufer. Aus der Schicht des seit Generationen vermögenden Bürgertums ist sie in eine Boheme-Existenz gefallen und gezwungen, den ererbten Hausrat in einzelnen Raten zu verkaufen. Die Art, wie Emilia mit diesem Desaster umgeht, ist jedoch keine erwachsene. Sie vermag nicht zu verstehen, dass die Großeltern ihr in ihrer Kindheit eine sonnige Zukunft vorgegaukelt haben und das Erbe nur noch für Hungertage reicht. Es gelingt ihr nicht zu erkennen, dass sie die Folgen eines Weltgeschehens zu tragen hat, es fehlt ihr, wie auch Dr. Behude diagnostiziert, die Fähigkeit, sich an ihre Umwelt anzupassen. Mit kindlicher Egozentrik erlebt sie den Verlust als ganz persönliches Schicksal, bäumt sich dagegen auf, randaliert des Nachts im Alkoholrausch, beschimpft ihren Vater als Nazi und gibt ihm die Schuld an ihrer Situation.

So lässt ihr Verhalten, insbesondere auch Philipp gegenüber, wahnhafte, irrationale Züge erkennen. Einerseits gibt sie auch Philipp, dem erfolglosen Literaten, die Schuld an ihrem materiellen Elend, zählt lustvoll alles auf, was Philipp erniedrigen und entwürdigen könnte, andererseits hinterlässt sie ihm eine Liebesbotschaft. Zwar wünscht sie ihm literarischen Erfolg, das bedeutende Werk müsste aber „in einer Rauschnacht" (S. 31) geschrieben sein, so ihre kindliche Vorstellung, nicht in einem täglichen mühseligen Arbeitsprozess. Wäre Philipp wirklich literarisch produktiv, so würde sie die beschriebenen Seiten vernichten, denn Philipp könnte sich mit zunehmendem Ruhm von ihr entfernen. Einerseits überlegt sie sich bereits, wie Philipp aussähe, wenn er ein berühmter Schriftsteller wie Edwin würde, andererseits wünscht sie sich einen solchen Erfolg wiederum nicht, da sie selbst über das Geld verfügen will. Emilias Realitätsverlust spürt schließlich auch Kay, die ihre Bemerkung, Emilia sei eine „verrückte Deutsche" (S. 176), sicherlich nicht im klinischen Sinne meint, aber doch

Egozentrischer Umgang mit dem Desaster

Wahnhafte, irrationale Züge

Emilia will Philipp in Abhängigkeit halten

wohl spürt, dass Emilia mit ihrer plötzlichen Freigiebig-
keit und Leidenschaft, ihrem überraschenden Ausbruch
in die Freiheit, von kindlicher Egozentrik bestimmt
wird.

Alexander und Messalina, Emmi und Hillegonda

Bei der Einführung des berühmten Filmschauspielers
Alexander in das Romangeschehen wird an komischen
Effekten nicht gespart. Alexander spielt die Hauptrolle
in dem deutschen Film *Die Liebe des Erzherzogs* und wird
zu Beginn des Drehtags „angekleidet" oder, genauer gesagt, „hergestellt" (S. 10). Mit Bändern und Orden, Kreuzen, Sternen und einem goldenen Vlies, allen Anzeichen
der Macht und des Prunks, wird er behängt, während er
sich gleichzeitig beengt fühlt, schwitzt und ihn eine
Übelkeit quält. Noch leidet er an den Ausschweifungen
der Nacht, an den Alkoholexzessen. Da ihn die Aura eines Frauenhelden umgibt, war es ihm ein Leichtes, die
junge Prostituierte Susanne für sich zu gewinnen, die
eine leidenschaftliche Nacht erwartet hat, aber bitter
enttäuscht worden ist. Allerdings ist Alexander schon
so lange eine Berühmtheit, dass er bereits über Selbstironie verfügt und seines „geborgten Heldentums" (vgl.
S. 153) und des Starkults überdrüssig ist. Schon während
des Krieges gibt er den „Ritterkreuzheldenflieger", als
Prominentem ist ihm ein Platz im Diplomatenbunker
des Berliner Hotels Adlon reserviert, die Hitlerjungen bitten ihn um Autogramme. Jetzt ist er ausgebrannt, nicht
mehr als „Tannenbaumzauber" (S. 11) bedeutet ihm der
Schmuck, den man ihm anlegt. Seinen Erzherzogfilm bezeichnet er einer Verehrerin gegenüber als einen „Schmarren" (S. 189), was zutreffen mag, von der Verehrerin aber
als Witz gedeutet wird. Während das Ergebnis des Drehtags als „Prächtig! Großartig! Hervorragend!" (S. 119) bezeichnet wird, fühlt sich Alexander lediglich „müde, leer
und elend" (S. 119f.), versinkt auch wenig später in Schlaf.

Filmheld Alexan-
der als Erzherzog

Der leidende
Alexander

Ansätze zur
Selbstironie

Fragwürdigkeit
des Starkults

Vor Edwins Vortrag stellt er sich noch einmal mit seiner Frau Messalina ins Blitzlicht der Presseleute, verschläft aber dann Edwins philosophische Ausführungen. Mit der Gestalt des Alexander wird die Fragwürdigkeit eines wieder beginnenden Starkults aufgedeckt. Hinter Alexanders Filmfassade eines liebenden Erzherzogs verbirgt sich ein verlebter, seines Ruhms überdrüssiger und in seinem Privatleben versagender Mann.

Messalinas schrilles Auftreten

Messalina, Alexanders „lustwütiges Weib" (S. 53) und von ihm verehrt, verschreckt durch ihr schrilles Auftreten und ihren grenzüberschreitenden Umgang mit ihrer Umwelt. Von den Ausschweifungen der Nacht ist ihr Gesicht zunächst noch „aufgeschwemmt" (S. 11), die Augenlieder sind geschwollen, ihre Gesichtshaut ähnelt der eines Droschkenkutschers, ihr Mund ist „verquer" (vgl. ebd.). Auch bei der weiteren Beschreibung ihres Erscheinungsbilds wird an drastischen Begriffen nicht gespart. Als „Gorgo" (S. 11), eine der Schreckgestalten der griechischen Mythologie, als „nach Dämonenart hergerichtete Frau mit der Ringkämpferfigur" (vgl. S. 54), als „lästerliches gemeines Denkmal" (vgl. S. 161) wird sie unter anderem bezeichnet. In der Tat stürzt sich Messalina ganz ungehemmt auf ihre Mitmenschen, profiliert sich durch lose Redensarten, sexuelle Anspielungen und ihre Neigung zur Kuppelei. Als sich Emilia in einem Pissoir vor ihr zu verstecken versucht, ruft sie ihr zu: „Emilykind suchst du Strichjungenbekanntschaften, ich kann dir Hänschen empfehlen" (S. 53). Philipp stellt sie sich mit frisch onduliertem, „wie Himbeergelee" (S. 105) zitterndem Haar in den Weg und fragt ihn: „Wollen Sie die Grünäugige verführen? Sie sieht Emilia ähnlich." (Ebd.) Unaufhörlich damit beschäftigt, Gäste für ihre abendliche Party zu finden, ist sie immer im Brennpunkt des Geschehens. Philipp treibt sie mit ihren bohrenden Fragen in die Flucht, Edwin, den Messalina an eine gespenstische amerikanische Gesellschaftsjournalistin, ein „Berufsklatschweib" (S. 110) erinnert, nimmt vor ihr gleich zweimal Reißaus. Nur Dr. Behude weiß, dass Messalina früher ein eher schüchternes Mädchen gewesen ist, dass

Aggressiver Umgang mit den Mitmenschen

Dominanz als überkompensierte Schüchternheit

sie mit „Trotz und Gewaltsamkeit" (S. 161) gegen diese Schüchternheit angekämpft und sie „ins Überdimensionale ausgeglichen" (S. 162), aber nicht bewältigt hat. So bleibt ihr immer noch eine durch Betriebsamkeit kompensierte Unsicherheit, die sie in Situationen überfällt, in denen sie ihr Umfeld nicht mehr beherrscht und sich ausgeschlossen fühlt.

Hillegonda, die Tochter von Alexander und Messalina, ist dem harten Regiment ihrer Kinderfrau Emmi ausgeliefert, einer „derben Person" (S. 13) mit „schmalen, blutlosen Lippen" (S. 14). Von ländlicher Herkunft und in ihrer Frömmigkeit erstarrt, ist sie der Überzeugung, dass Kinder für die Sünden ihrer Eltern büßen müssten, dass Hillegonda als Schauspielerkind ein Sündenkind sei und zu Gott geführt werden müsse. Mit eiserner Strenge treibt sie Hillegonda bereits in die Frühmesse und will sie noch vor dem eigentlichen Beichtalter zur Beichte führen. Selbst an Josefs Sterbebett fordert sie den Priester auf, Hillegonda zu strafen, damit ihre Seele gerettet werden könne. Hillegonda, ein kleines Mädchen mit „magerem Körper" (vgl. S. 13), fürchtet sich vor der hohen, düsteren und grabeskalten Kirche mit ihren massiven Türen, wagt es aber nicht, sich gegen Emmis harte Erziehung aufzulehnen. Zwar hat sie oft genug gehört, dass ihre Eltern von Gott verstoßen und Sünder seien, was eine Sünde ist, weiß sie jedoch nicht. Wenn aber alles wirklich Sünde sei, so deutet sie Emmis unerbittliches Urteil, dann sei es eigentlich gleichgültig, was man tue, dann könne der Teufel auch in ihrer Kinderfrau stecken. Wenig Gelegenheiten bleiben Hillegonda, menschliche Zuneigung zu entwickeln. Spontan möchte sie dem herrenlosen Hund folgen, der ihren Weg zur Kirche kreuzt, und ebenso unvermittelt küsst sie dem gerade verstorbenen Dienstmann Josef die Hand.

Hillegondas strenge Kinderfrau Emmi

Leiden unter Emmis religiösem Wahn

Frau Behrend und Herr Behrend

Die unbelehrbare
Frau Behrend

Frau Behrend, von der Tochter der Hausmeisterin als „Frau Obermusikmeister" (S. 17) tituliert, von ihrer eigenen Tochter als „fischgesichtig, flundhäuptig, kalt fischig abweisend" (S. 114) bezeichnet, zählt zu jenen Personen, die aus den Geschehnissen der NS-Zeit und des Krieges nichts gelernt haben. Ehemals in einer großzügigen Wohnung mit Blick über die Stadt residierend, wohnt sie nun, von ihrem Mann, dem Obermusikmeister, verlassen, in einer Mansarde und träumt von den alten Zeiten, als ihr Mann an der Spitze eines Regiments durch die Stadt schritt oder Opernmelodien dirigierte. Ungebrochen urteilt Frau Behrend im Sinne der nationalsozialistischen Rassenlehre, hält Juden wie auch Afroamerikaner für „Unerwünschte, Ausländer, Her-

Frau Behrends
Rassismus

gewehte" (S. 18). Einig ist sie sich mit ihrer Lebensmittelhändlerin, dass die Juden den deutschen Handel zugrunde richten wollen, indem sie, Gesetze und Steuern umgehend, schnell Behelfsläden eröffnen. Das Leben der reichen Amerikaner beobachtet sie mit Argwohn, nimmt regen Anteil an den Schilderungen der Lebensmittelhändlerin, wie rücksichtslos die in ihrer Villa einquartierten Amerikaner mit dem Mobiliar umgehen, und findet den Amerikaner Richard, einen entfernten Verwandten von ihr, im Bräuhaus ohne Haltung und Disziplin, was sie sich mit den Worten „zu viel Freiheit verwildert" (S. 201) zu erklären versucht. Diese ausländerfeindliche, rassistische Grundeinstellung hat zur Folge, dass sie ihre Tochter noch nicht einmal verstehen, geschweige denn ihr helfen kann. Ängstlich ist sie darauf

Keinerlei Verständnis für die
Tochter Carla

bedacht, dass Carlas Zusammenleben mit einem Afroamerikaner sich in ihrem Bekanntenkreis nicht herumspricht. Als eine Familienschande bewertet Frau Behrend Carlas Verhalten, „Neger oder Jude" (S. 143) sei dasselbe, dabei sei doch ihr Ariernachweis lückenlos gewesen und seien sie doch auch in „Amerika so streng mit den Negern" (ebd.). Für Frau Behrend gibt es eine klare Hierarchie der Verfehlungen: „Schimpflich" (S. 116) ist Carlas Beziehung zu einem Schwarzen, „fürchterlich" (ebd.), dass sie von ihm geschwängert wurde, „ein Verbrechen" (ebd.), dass sie das Kind abtreiben will. Wäre es zu einem Gespräch mit ihrer Mutter gekommen, hätte diese ihr, von ihrer Sozialangst bedrängt, zum Verbrechen geraten. Frau Behrends Egoismus, ihr Bedürfnis, das wöchentliche Treffen mit ihren Gleichgesinnten im Domcafé nicht zu belasten, hindert sie daran, als Mutter ihrer Tochter in einer schwierigen Situation beizustehen. Schließlich ist sie es, die mit ihrem auf Washington bezogenen Ruf: „Da ist er!" (S. 217) ein Missverständnis erzeugt, so dass Washington für den Mörder Josefs gehalten wird. Damit heizt sie die aggressive Stimmung vor dem „Negerclub" auf und entfacht eine kollektive, nicht mehr kontrollierbare Gewaltaktion, die sich ausgerechnet gegen ihre eigene Familie richtet.

Frau Behrends Sozialangst

Frau Behrend gibt den Impuls für Gewaltaktionen

Während Frau Behrend nach wie vor dem Wertsystem der NS-Zeit verbunden bleibt und ihr deshalb im Bräuhaus eine „richtige" (S. 204), eine „anständige" (S. 205), ja schließlich eine „vorzügliche" Gesinnung (vgl. S. 209) bescheinigt wird, hat sich ihr Mann, der Obermusikmeister Behrend, während des Krieges in Prag in eine Tschechin verliebt, sich von seiner Vergangenheit und von aller mentalen Gängelung befreit, fühlt sich frei, glücklich und hat keinerlei Probleme, mit seiner Kapelle im „Negerclub" für Unterhaltung zu sorgen. Er, der wirklich Liebende und von seiner Freundin Vlasta Geliebte, kann nach anfänglichen Zweifeln auch seine Tochter Carla und ihren schwarzen Freund Washington in seine Liebe einbeziehen.

Herr Behrend, der Liebende und Befreite

Dr. Behude

Dr. Behude, Facharzt für Psychiatrie und Neurologie, wird als „wohltrainierter" Mann mit einem „kleinen zierlichen strammen Körper" (vgl. S. 24) vorgestellt. Bevor er in seine Praxis geht, spendet er Blut und das aus zweierlei Gründen. Zum einen betrachtet er das Blut-

Dr. Behude beim Blutspenden

spenden als eine Art Selbstkasteiung, vergleichbar mit dem Hanteltraining oder dem Joggen. Zum anderen erhält er dafür Geld, auf das er angewiesen ist, da einige seiner Patienten nicht in der Lage sind, ihn zu bezahlen. Geschwächt von dem Blutverlust, mit bleichem Gesicht und trüben, entzündeten Augen begibt er sich auf seinem Fahrrad zunächst zu seinem schlafsüchtigen Patienten Schnakenbach, um in seinem Arbeitszimmer eine von ihm ersehnte Belebungsdroge zu hinterlegen. Dr.

Dr. Behudes Gewissenhaftigkeit

Behude arbeitet gewissenhaft, er hatte dem pervitinsüchtigen Patienten die Droge zunächst vorenthalten, sich dann eines Besseren besonnen. Dass er vom schwarzen Cadillac des amerikanischen Botschafters gestreift wird, sich aber wieder fangen kann, lässt ihn an Kafkas Erzählung „Der Landarzt" denken, in der das „Fehlläuten der Nachtglocke" (S. 46), der unnütze nächtliche Besuch eines Patienten, die Existenz des Arztes ruiniert. Was man über Dr. Behudes Behandlungsmethoden erfährt, ist allerdings durch Philipps Wahrnehmung gefiltert. Dr. Behude arbeitet mit Elementen der Entspannung, der Fantasiereise und der Hypnose. So versucht er,

Philipps Kritik an der Behandlungsmethode

Philipp von seinen Schuld- und Bußegedanken zu befreien, indem er ihn auf eine Traumreise in schöne Urlaubstage schickt, „eine Glocke aus Optimismus und Sommerfreuden" (S. 144) über ihm aufbaut. Philipp entzieht sich der von ihm als Gängelung empfunden Therapie und unterstellt Dr. Behude, er wolle „auf dem Grunde unseres Seins einen normalen Angestellten" (S. 145) finden. So wertet Philipp Dr. Behude als „kleinen Traumdoktor, kleinen Psychotherapeuten" (vgl. S. 150) und „kleinen Psychobürokraten" (vgl. ebd.) ab. Dr. Behude seinerseits würde lieber Emilia behandeln, die ihm aber aus dem Weg geht, und die er in der Stehkneipe, wo er sie nach Dienstschluss vermutet, auch nicht antrifft. Nach dem zweiten Wodka kommt er, eigentlich ein „Typ für Mineralwasser" (S. 179), zu dem Schluss, dass ihn die Psychiatrie ruiniere, nach Edwins Vortrag beschleicht ihn das Gefühl, in der Welt nicht mehr zu Hause zu sein, eine Situation, aus der auch Edwin keinen Ausweg wisse.

Dr. Frahm

In der Praxis von Dr. Frahm, Facharzt für Frauenheilkunde und Chirurgie, hängt in „gotischer Fraktur" (S. 64) der Wortlaut des Hippokrates-Eids, der den Ärzten unter anderem Sterbehilfe und Schwangerschaftsabbrüche verbietet. Dr. Frahm sieht diese Verpflichtung jedoch in kritischem Licht. Sie passe nicht mehr in die Zeit, meint er, wenn man an die Konsequenzen dächte, die Alternativen, die „Pfuschaborte" (S. 65) mit Tausenden von Todesfällen oder die sozialen Folgen einer ungewollten Geburt. Kritisch sieht er die medizinische Versorgung, die nicht hinreichenden Arzthonorare und fasst die Situation in dem Satz zusammen: „Für die Kasse Verwaltungspaläste für uns die Pfennige" (ebd.). Auch die ehemalige Ideologie der Rassenreinhaltung problematisiert er, wenn er auf Carlas Fall bezogen denkt, „Schwarz und Weiß" gebe auch „hübsche Kinder" (S. 66). Dennoch erklärt er sich gegenüber Carla, die durch ihre früheren Geschenke wie Kaffee, Zigaretten und Whisky auch einen sozialen Druck auf ihn ausübt, zunächst bereit, ihre Schwangerschaft zu unterbrechen. Erst als ihn Washington in seiner Praxis aufsucht, Dr. Frahm von der Persönlichkeit des Schwarzen beindruckt ist und erkennen muss, dass Washington das Kind will, beschließt er, dass das Kind leben müsse. Carla gegenüber argumentiert Dr. Frahm mit moralischen Bedenken, verharmlost die medizinischen Aspekte, in seinem Innern denkt er aber auch juristisch und will sich durch eine Abtreibung nicht „in die Nesseln setzen" (S. 141). Auch von Männlichkeitswahn und Zynismus ist Dr. Frahm nicht ganz frei, wenn er sich überlegt, er werde Carla gut zureden, denn das „hilft bei den Weibern immer, weinen sich aus und nachher sind sie glückliche Mütter." (Ebd.)

Dr. Frahm und der Hippokrates-Eid

Kritik an der medizinischen Versorgung

Dr. Frahm verweigert den Schwangerschaftsabbruch

Odysseus Cotton, Susanne und Josef

Der Afroamerikaner Odysseus Cotton

Mit Odysseus aus der am Mississippi gelegenen Stadt Memphis im US-Bundesstaat Tennessee betritt ein Afroamerikaner den Bahnhofsvorplatz. Sein zweiter Name Cotton ist als Anspielung auf die Sklavenvergangenheit der schwarzen Bauwollpflücker im Süden der USA zu verstehen. Mit knappen, chiffrehaften Andeutungen verweist der Erzähler auf dessen afrikanischen Ursprung und auf das Schicksal der Afroamerikaner in Amerika.

Kindliche Unbefangenheit

Odysseus zeichnet sich durch kindliche Unbefangenheit und Naivität aus, lacht gerne, zeigt dabei seine „kräftigen, strahlenden Zähne" (vgl. S. 28), sein Dienstmann Josef bezeichnet ihn als „dunklen Riesen", ja sogar als „King-Kong" (S. 29). Von den deutschen Frauen, die bei ihm Geld und Potenz vermuten, wird er als „jung, lendenstark, unschuldig, tierhaft" (S. 40) wahrgenommen und bewundert. Einerseits genießt es Odysseus, als zu der Siegermacht gehörend, sich in das Getriebe der Stadt einzumischen, über Geld zu verfügen und sich einen Dienstmann leisten zu können, andererseits lässt er sich aber doch, das Gefühl des Fremdseins überbrückend,

Afroamerikanische Musik als Abschirmung

von den Klängen und Rhythmen seiner afroamerikanischen Heimat einhüllen. Bereits auf dem Bahnhofvorplatz begleitet ihn eine „Stimme, sanft, warm, weich, eine tiefe Stimme" (S. 26) aus seinem Kofferradio, das er anschließend seinem Dienstmann Josef anvertraut. Blues, Boogie-Woogie und Jazz umschmeicheln ihn und „zelten ihn ein" (vgl. ebd.), bauen „das Zelt um Odysseus" (S. 29). So nimmt er die eindeutigen Angebote der Prostituierten, der Zuhälter, Geldwechsler und Bettler nur als ein Wispern wahr, als das Zischen von Schlangen, und kann sie sanft, aber entschieden zurückstoßen.

Mythologischer Bezug

Wie die Bezeichnungen des Odysseus als „großer König" (S. 40), als „listiger großer Odysseus" (S. 83), als „der große listenreiche Odysseus" (S. 203) überdeutlich hervorheben, wird mit dieser Figur ein Bezug zur griechischen Mythologie, zur Hauptgestalt aus Homers *Odyssee* konstruiert. In der Tat verfügt Odysseus zwar nicht über die

Sprachgewalt des mythologischen Vorbilds, wohl zeichnet er sich aber durch eine genaue Beobachtungsgabe und ein starkes Selbstbewusstsein aus. Als Odysseus in einer Wirtschaft von einer Gruppe von Griechen mit gezinkten Würfeln betrogen wird und eine Serie von Spielen verliert, lässt er sich in seiner Aufmerksamkeit nicht irritieren, auch nicht durch deutsche Kriegsveteranen, die mit ihrer Eroberung Kretas im Zweiten Weltkrieg prahlen. Er vermag die gezinkten Würfel zu erkennen, selbst zu ergreifen und das Spiel zu seinen Gunsten zu wenden. Zufrieden fühlt sich Odysseus schließlich, als er auf dem Domturm steht, über die Stadt mit ihren „Ruinen" und „Wunden" (S. 114) blickt, erkennt, dass auch von hierher die weißen Siedler gekommen sind und auch hier einmal ein Dschungel gewesen sei, dem auch er entstamme und zu dem auch alles wieder werden könne. Als Odysseus dann im Baseballstadion wieder in seine amerikanische Kultur eintauchen kann, legt er zum Schrecken seines Dienstmannes jede königliche Würde ab, wirft vor Wut eine Cola-Flasche aufs Spielfeld, springt auf die Tribünenbank und hält eine weitere „Coca-Cola-Flasche wie eine wurfbereite Handgranate" (S. 137).

„Beleidigt" und „gekränkt" (S. 163) fühlt sich Odysseus, „in Feindesland" (ebd.) und „wieder im alten Krieg Weiß gegen Schwarz" (S. 164), als ihm sein Geld, seine Existenzgrundlage, in der Heiliggeistwirtschaft gestohlen wird. Er greift sich seinen Nachbarn, schüttelt ihn, bringt damit die Masse gegen sich auf, kann sich aber freikämpfen. Ungeklärt bleibt, ob er es ist, der Josef erschlagen hat, oder ob ihn ein vom aufgebrachten Pöbel geworfener Stein getroffen hat. Immerhin aber ergreift Odysseus mit dem bereits ausgezahlten Lohn des Dienstmanns die Flucht. Susanne, die sich übermächtig zu ihm hingezogen fühlt, zeigt ihm die Fluchtwege und ist schließlich mit ihm schlangenhaft vereint im Widerstand gegen die Welt, den zuvor die afroamerikanischen Rhythmen des Kofferradios geleistet haben, das an Josefs Totenbett verblieben ist.

Odysseus, der Listenreiche

Odysseus im Baseballstadion

Im Krieg Weiß gegen Schwarz

Die Prostituierte Susanne wird als ein Mädchen eingeführt, das der Filmstar Alexander am Vorabend für ein
nächtliches Liebesabenteuer „aufgegabelt" (S. 12) hat.
Statt von Alexanders Leidenschaft beglückt zu werden,
ist sie jedoch nur von lesbischen Frauen geschlagen, ge-
küsst und gestreichelt worden. „Nach Alexander ein Nigger, ich bin nicht schwul" (S. 157), hat sie sich daraufhin
vorgenommen, hat die heruntergekommene Heiliggeistwirtschaft aufgesucht und ist von Odysseus herange-
wunken worden. „Begossen" (S. 12) mit Messalinas Par-
füm, ist sie nun „eine Blüte von Guerlainduft in einer
Unratgrube" (S. 156). Wie bei Odysseus, so werden auch

bei Susanne mythologische Bezüge zu Homers *Odyssee*
geschaffen. Mit spielerischer Ironie bemerkt der Erzähler, weder Odysseus noch Susanne könnten wissen, welche „uralten Wesen" (S. 157) in ihr steckten, sie sei in
diesem Augenblick „Kirke, die Sirenen und vielleicht
Nausikaa" (ebd.) geworden, Frauengestalten, die Odysseus auf seinen Irrfahrten bedrohen, verführen und bei-
stehen. So muss Susanne Odysseus auch wider bessere
Einsicht folgen und ihm mit ihrer Ortskenntnis zur
Flucht verhelfen. Obwohl sie eigentlich „schräge Musik"

liebt, „Wirbel" will und „Rausch", und obwohl sie „hätte
jeden haben können" (S. 195), sucht sie Odysseus im
„Club der Negersoldaten". Zwar hat sie ihm sein Geld
gestohlen, bereut diese Tat, deutet sie insgeheim als Rache für die Nacht bei Alexander, die „Schweine bei Alexander" (S. 167) hätten sie schlecht gemacht. Statt Josef
hätte Odysseus besser Alexander oder Messalina erschlagen sollen, so denkt Susanne, doch kann auch sie nicht
mit Sicherheit sagen, dass es wirklich Odysseus gewesen
ist, der den Dienstmann Josef getötet hat.

Nichts hat den Dienstmann Josef zu Odysseus hingetrie-
ben, „weder Lust noch Unlust" (S. 29), auch kein „libidi-
nöses" (ebd.), triebhaftes Verlangen, sondern einfach die
Vermutung, mit Odysseus einem freigebigen Reisenden
zu dienen. Als Dienstmann kenntlich an seiner roten
Dienstmannsmütze mit einem Nummernschild aus Mes-
sing, zählt Josef mit seinen fast siebzig Jahren zu den

älteren Vertretern seiner Berufsgruppe. Zwar kennzeichnen ihn „lustige Fältlein" (S. 29) um die Augen, die noch immer „munter" (ebd.) blinzeln, ist sein Gesicht gebräunt und weist eine leichte Bierröte auf, doch geht er gebückt, und seine Kleidung ist bereits abgebraucht. Beim Ergattern seiner Aufträge helfen ihm „Demut" und „List" (ebd.), eine gewisse Menschenkenntnis und die Fähigkeit, die Menschen für sich einzunehmen. Dass dieser Dienst an dem ihm fremden und unheimlichen Odysseus sein letzter sein könnte, ahnt er bereits beim Essen eines Sandwichs, ein Vorgang, der mit Todesgedanken verbunden ist (vgl. S. 128). Dort, im Baseballstadion, träumt er auch, dass der Transport des „Köfferchens" (S. 136) sein letztes Dienstgeschäft sei. Auf der Spitze des Domturms, den er noch nie bestiegen hat, packt ihn die Furcht vor dem „schwarzen Teufel" (vgl. S. 115), der ihn hinunterwerfen könnte. Hier wie auch hinter dem Mauerschutt der Heiliggeistkirche drängen sich ihm die Erinnerungen an die Schlachten des Ersten Weltkriegs im Norden Frankreichs auf, nahe der belgischen Grenze, bisher offensichtlich unbewältigte Schuldgefühle ergreifen ihn mit Macht. Dass er Menschen getötet haben könne, „die ihm zu Hause als fremde Reisende ein gutes Trinkgeld gegeben hätten" (S. 115), geht ihm durch den Kopf, und dieser Gedanke verlässt ihn nicht mehr. Als Odysseus ihm den bereits ausgezahlten Lohn mit Gewalt wieder entreißt, verwandelt sich für ihn die Szenerie in ein französisches Schlachtfeld des Ersten Weltkriegs, hält er Odysseus für jenen Senegalesen, jenen „Reisenden" (vgl. S. 156), den er in den Kämpfen getötet hat. Dass er von diesem schwarzen Senegalesen nun seinerseits getötet wird, empfindet er als gerecht. Er stirbt in dem Stadtviertel, in dem er geboren und aufgewachsen ist. Wenn er kurz vor seinem Tod noch einmal zu Bewusstsein kommt und sagt: „Es war der Reisende" (S. 184), meint er mit dem Reisenden den Senegalesen, der ihn jetzt getötet habe. Eine noch offene Rechnung ist damit für ihn beglichen.

Demut und List als Eigenschaften

Josefs Todesahnungen

Unbewältigte Schuldgefühle aus Kriegsereignissen

Deutung des eigenen Todes als Sühne

Washington Price, Carla und Heinz

Washington in
einer Situation
des Kampfes

Erst wird eine horizontblaue Limousine in den Roman
eingeführt, danach ihr Besitzer: Sergeant Washington
Price, wie Odysseus ein Afroamerikaner. Während aber
der „große König" (vgl. S. 40) Odysseus begehrliche Blicke
auf sich zieht, befindet sich Washington in einer Situation des Kampfes. Zwar ist Washington freundlich und
freigebig, aus der Sicht von Dr. Frahm ein „guter Kerl"
(S. 141) und ein „schöner Mann, wenn man sich an die
Haut gewöhnte" (S. 117). Zwar ist er der Baseballcrack in

Washingtons
Kampf für sein
Kind

der Mannschaft der Red Stars, wenn auch bereits mit
Problemen der Atmung und rheumatischen Schmerzen
kämpfend. Doch durch seine Beziehung mit Carla, die
von ihm ein Kind erwartet, ist er, anders als Odysseus, in
den deutschen Alltag eingebunden und gerät zwischen
die Fronten von Schwarzen und Weißen. Da sie mit einem Kind von einem Afroamerikaner eine noch größere
soziale Diskriminierung befürchtet, als sie bereits jetzt
erlebt, bemüht sich Carla bei Dr. Frahm um eine Schwangerschaftsunterbrechung. Denn ein Leben im „Negerviertel von Baton Rouge" (S. 62) in Louisiana, dem Wohn-
ort von Washingtons Eltern, wäre für Carla als Weiße
ebenfalls mit sozialen Spannungen verbunden. Diese
fast aussichtslose Situation ist für Washington insofern

Einsatz für die
Gleichheit der
Menschen

schwer zu ertragen, als er gegen rassische und religiöse
Diskriminierung in den Krieg gezogen und für seine
Tapferkeit dekoriert worden ist. Dazu bewegt hat ihn
eine Rede des damaligen amerikanischen Präsidenten
Roosevelt, der von der Unterdrückung der Juden in
Deutschland berichtet hat, von Schildern mit der Auf-
schrift „Für Juden verboten" (S. 63).

Obwohl er eine horizontblaue Limousine besitzt, um die
ihn die Deutschen beneiden, fehlt Washington das nötige Geld, mit dem er, wie er meint, Carla für ein Leben

Washington als
Familienmensch

mit ihm gewinnen könne. Washington ist kein „Bordell-
gänger" (S. 86), sondern vielmehr „für ein glückliches
Familienleben geboren" (ebd.). Ihn kann die afroamerikanische Musik nicht von der deutschen Gegenwart ab-

schirmen, im Gegenteil, während er Duke Ellingtons Melodie „Negerhimmel" aus dem Radio hört, wird ihm die ganze „Häßlichkeit des Daseins" (S. 88) bewusst. Aus seiner Liebe zu Carla bezieht er jedoch die Kraft, Dr. Frahm mit dem Satz: „Wir erwarten ein Kind" (S. 117) und der Tatsache, dass er über Carlas Abtreibungspläne nicht informiert war, davon zu überzeugen, sich Carlas Wünschen zu verweigern. Seine Eltern in Louisiana wähnen ihren Sohn in Not, in „Verstrickung" (S. 61), als er sie um Geld für seine Hochzeit bittet, um Geld von ihren Ersparnissen. Sein gewonnenes Baseballspiel, sein Triumph als gefeierter Star, nach dem er sich als freier Bürger der USA fühlt, macht ihn schließlich frei, in dieser Ausweglosigkeit eine Utopie zu entwickeln. Mit seiner Idee, in dem weniger rassistisch denkenden Frankreich, in der Hauptstadt Paris, ein Lokal „Washington's Inn" mit einem beleuchteten Schild „Niemand ist unerwünscht" zu errichten, überzeugt auch Carla, entspannt die Beziehung und bindet sie an ihn. Angesichts dieser Perspektive ist sein Untergang wie auch der Carlas und ihres Sohnes Heinz unter den Steinwürfen einer aufgebrachten Meute tragisch.

Er verhindert Carlas Abtreibung

Entwicklung einer Utopie

Washingtons tragischer Untergang

Carla, während des NS-Regimes Sekretärin des Platzkommandanten der Wehrmacht, hat wie ihr Mann und ihre Mutter an die Zukunft des deutschen Reichs geglaubt. Da ihr Mann jedoch in den Kämpfen an der Wolga verschollen ist, sie mit ihrer Mutter nicht in einem Haushalt leben kann, ist sie gezwungen, den Lebensunterhalt für sich und ihren Sohn Heinz selbst zu verdienen. Aufgrund ihrer Englischkenntnisse hat sie eine Stelle als Sekretärin bei der US-Transportgruppe der schwarzen Soldaten übernehmen können. Damit hat sie zwar ihre materielle Basis gesichert, sich gleichzeitig aber auch in emotionale Konflikte gestürzt. Einerseits hat sie wie ihre Mutter das rassistische Denken der NS-Zeit noch nicht überwunden, andererseits fühlt sie sich von den schwarzen Soldaten tagtäglich beobachtet und ist von deren Ausstrahlung, ihrer „Geschmeidigkeit in Ebenholz" (S. 48), durchaus beeindruckt.

Carlas emotionale Konflikte

So gelingt es Washington Price, mit geduldigem Warten, Beharrlichkeit, Schweigen und Geschenken Carla für sich zu gewinnen. Zunächst vermag Carla der sozialen Ächtung, der sie durch das Zusammenleben mit Washington ausgesetzt ist, zu widerstehen und flüchtet sich in Zukunftsträume. Ein Traumleben in Amerika gaukeln ihr die Illustrierten vor, ein paradiesisches Leben mit Spül- und Waschmaschine, mit Pillen gegen alle Beschwerden, während die Dame des Hauses „im Liegestuhl der Television" (S. 49) folgt. Die Sehnsucht nach dem *American way of life* weicht allerdings mit Beginn ihrer Schwangerschaft einem Realitätsschock, und sie glaubt in eine „ganz und gar gottverlassene Welt" (S. 126) zu fallen. Carla wird sich bewusst, dass sie mit einem schwarzen Kind weder in den USA noch in Deutschland leben kann, ohne diskriminiert zu werden, und entscheidet sich für eine Abtreibung.

Traumvisionen von Amerika

Nun ist sie sich nicht mehr sicher, ob sie Washington wirklich liebt, ob es nicht nur die Angst vor dem Alleinsein, die Verzweiflung, das Bedürfnis nach Wärme gewesen seien, die sie zu Washington getrieben hätten. Auch einen weißen Amerikaner hätte sie haben können, da ihre Brüste noch straff, der Körper zwar etwas mollig, sie insgesamt aber noch attraktiv sei. Sie verschenke sich für ihn, so glaubt sie, und Washington müsse das wieder gutmachen. Mit einer ähnlichen Vorstellung geht sie auch auf Dr. Frahm zu, erwartet von ihm die Unterbrechung ihrer Schwangerschaft, da sie ihn all die Jahre zuvor mit Lebens- und Genussmittel versorgt habe. Mit blinder Wut und tätlicher Aggression wendet sie sich denn auch gegen Washington, dessen menschlich überzeugende Intervention die geplante Abtreibung verhindert hat. Nach der wortlosen Begegnung mit ihrer Mutter werden Carla die Brüche und die fehlende Konsequenz und Sicherheit in ihrem Leben bewusst. Sie entschuldigt sich selbst mit der „unordentlich gewordenen Zeit" (S. 118), in der sie lebe, weder habe sie einen festen Glauben an Gott, noch fühle sie sich als Rebellin. Als sie schließlich von der „Last dieser Sehnsucht" (S. 177) nach

Zweifel an der Liebe zu Washington

Carlas Druck auf Dr. Frahm

Die unordentliche Zeit als Entschuldigung

dem Traumland Amerika befreit ist, in der Situation des tiefsten Glaubens an die Zukunft, treffen auch sie die Steine der irregeleiteten Menge.

Dass Carlas Sohn Heinz in seiner Beziehung zu Washington mit ganz ähnlichen emotionalen Schwankungen kämpft, ist nur zu wahrscheinlich. Heinz, elf Jahre alt, „lange blonde Haare, einen verwilderten Schopf" (S. 79), prahlt einerseits mit seinem Kontakt zu Washington, dessen Körperkraft, Reichtum und Sportlichkeit er verherrlicht, andererseits äußert er sich provozierend abfällig. Eine Mitte zwischen den beiden Haltungen kann er nicht finden. Zwar ist Washington für ihn „der schwarze Ernährer der Familie" (S. 76), gleichzeitig aber auch die „fremde und störende Erscheinung" (ebd.). Eine Beziehung zu seinem leiblichen Vater konnte er nicht entwickeln, er kennt ihn nur von den Fotos im Zimmer seiner Mutter. Da sein Selbstwertgefühlt von der Akzeptanz abhängt, die er von der Gruppe der gleichaltrigen Jungens erfährt, sich von ihnen nicht unterscheiden möchte, richtet er sein Verhalten an der jeweiligen Situation aus. Als er im Baseballstadion merkt, dass Washington nicht in seiner Bestform glänzt, nimmt er ihn zwar innerlich in Schutz, äußert sich den Jungens gegenüber aber mit Bemerkungen wie: „Der Nigger schafft's nicht mehr" (S. 129) oder noch verächtlicher: „Der Nigger meiner Mutter kann nicht mehr" (S. 131). Als Washington das Match schließlich doch gewinnt, verleugnet er sogar das Gesagte, behauptet: „Washington ist immer in Form" (S. 138) und prügelt sich deshalb mit den anderen Jungens. Manchmal genießt Washington einen Kultstatus, ein andermal ist er der Versager. Gegenüber seinem „Geschäftspartner" Ezra, dem er einen zugelaufenen Hund verkaufen möchte, zeigt sich Heinz als strategisch denkend, fintenreich und seine Ortskenntnis geschickt ausnutzend. Als er spürt, dass seine Chancen nach dem Verlust des Hundes schlecht stehen, gibt er nicht auf und riskiert auch eine körperliche Auseinandersetzung. Erst in der Notsituation finden er wie Ezra zu einem solidarischen Verhalten, helfen sich gegenseitig aus den Trümmern und fliehen gemeinsam. Schließlich ist der Schrei „Mutter" (S. 218) sein letztes Lebenszeichen, ehe auch ihn die Steine treffen.

Christopher Gallagher, Henriette und Ezra

Weltbürger
Christopher
Gallagher

Mit seinem roten Haar, seiner rauen Gesichtshaut und seiner geröteten, großporigen Nase sieht Christopher Gallagher zwar aus wie ein Seemann, ist aber Steueranwalt aus Santa Ana in Kalifornien, nahe bei Los Angeles. Als Weltbürger stellt er sich dar, der Nationalitätendenken für „Unsinn" (S. 178) hält. Zwar ist er stolz auf seinen Heimatort Needles am Colorado, würde dafür aber niemanden totschlagen. Obwohl er mit einer solchen Einstellung der noch verbreiteten Denkweise im Nachkriegsdeutschland fern steht, scheint er Deutschland zu lieben und mit einem romantischen, auch etwas naiven Blick zu verklären. So steuert er noch schnell eine Brücke mit einem „romantischen Blick über das Flußtal" (S. 179) an, ehe er das Bräuhaus besucht, in dem er sich trotz der Enge und des Lärms wohlfühlt. Die sozialen Probleme und Spannungen geraten offensichtlich nicht in sein Gesichtsfeld, wenn er seiner Frau in einem Telefongespräch mehrmals zuruft, es habe sich alles in Deutschland geändert, es gefalle ihm gut, ihr würde es auch gut gefallen. Überzeugt davon, seine Frau zu lieben, fällt ihm andererseits doch auf, dass sie so „förmlich miteinander" (S. 69) umgingen, und er hätte seine Frau gern bei sich und Ezra in Deutschland. Auch er verfügt über das amerikanische Statussymbol eines Wagens mit der Anmutung eines Sportflugzeugs und mit „mahagonifarbenem Holz" (S. 73) verschalt. Auch er ist Baseballfan und verärgert darüber, dass sein Sohn Ezra diese Sportart langweilig findet. Schließlich ist er es, der die innen vergoldete, außen mit einem Miniaturbild Friedrichs des Großen verzierte Tasse, von Emilia der Antiquitätenhändlerin Voss angeboten, von Mr. Edwin mit Inte-

Romantischer
Blick auf
Deutschland

Wunsch, Henriette bei sich zu haben

Emilias Tasse als
Geschenk für
Henriette

resse betrachtet, gekauft hat. Er stellt sich vor, mit dieser preußischen Antiquität seiner Frau eine Freude zu machen.

Christophers Frau Henriette, nur über die Telefonleitung präsent, befindet sich in einem Pariser Hotel am Seine-Ufer mit Blick auf den Garten der Tuilerien. Sie begegnet dem Wunsch ihres Mannes, nach Deutschland zu kommen, mit Verständnis, kann ihm aber nicht entsprechen. Zu gegenwärtig sind ihr noch die Bilder aus ihrer Kindheit, die Deportation und der damit verbundene Tod ihrer Eltern, ihre eigene Ausbürgerung und Diskriminierung als Jüdin und das damit verbundene Elend, aus dem sie Christopher befreit hat. Sechs Jahre nach Kriegsende und dem Zusammenbruch des NS-Regimes hat Henriette diese Bilder noch nicht verarbeiten können und lebt noch in der Furcht vor Deutschland. Selbst im heiteren Frühlingslicht in Paris drängt sich ihr das Bild der Zerstörung auf. In dem gemeinsamen Haus in Santa Ana findet sie jedoch Ruhe und dort hat sie, wie sie meint, einen „Punkt in der Unendlichkeit" (S. 72) erreicht.

Der gemeinsame Sohn Ezra, elf Jahre alt, mit „kurzgeschorenen roten Haaren" (vgl. S. 132), einem „neumodischen amerikanischen Haarschnitt" (S. 79), den Heinz mit Missfallen wahrnimmt, wird wegen seiner Deutschkenntnisse von Christopher in den höchsten Tönen gelobt. „Er ist großartig" (S. 72), teilt er Henriette mit, er übersetze ihm alles, sie würde Spaß haben, könne sie das erleben. Was sich jedoch wirklich in Ezra abspielt, ahnt Christopher nicht. Noch im Straßenkreuzer seines Vaters, auf dem Parkplatz der Amerikaner, entwickelt Ezra Aggressions- und Destruktionsträume mit deutlich sadistischer Tönung. Aus allen Bordwaffen, so seine Fantasie, feuert er „lustig" (S. 73) in die panisch flüchtende Menschenmenge. Seine Aggression richtet sich auch gegen die gleichaltrigen Kinder auf dem Platz, die er mit Leuchtmunition vernichtet. Da ein Baseballspiel kein Kampf mit „wirklichen Feinden" (S. 132) ist, empfindet er Langeweile, lässt aber beim Verlassen des Stadions in

Henriette verbleibt in Paris

Die noch nicht verarbeitete Vergangenheit

Ezra, von Christopher gelobt

Ezras Aggressivität und Destruktionsträume

seiner Fantasie noch eine Bombe auf das Spielfeld fallen. Um in den Besitz des kleinen Hundes zu kommen, erklärt sich Ezra bereit, Heinz notfalls auch mit einem Stein totzuschlagen. Wäre der Roman zur heutigen Zeit entstanden, könnte man Ezra für ein bedauerliches Opfer von Videospielen halten, so aber muss man wohl in den medial vermittelten Eindrücken des zurückliegenden Kriegs den Impuls für Ezras Gewaltfantasien sehen, die vor dem Hintergrund der familiären Vergangenheit seiner Mutter Henriette umso erschütternder sind.

Aggression als Angstabwehr

Dass diese Fantasien als eine Form der Angstabwehr gedeutet werden können, legen Ezras Beklemmungen in der Enge des Bräuhauses nahe. Hier bricht ihm der Schweiß aus, er glaubt zu ersticken und möchte schreien. Aus der Menschenmenge werden für ihn Eichenwälder, „böse Riesen des Märchens" (vgl. S. 200) mit einer Keule. Auch sein Vater wird zu einem Riesen, „einer der deutschen Riesen in dem deutschen Zauberwald" (S. 204). Möglicherweise nehmen hier von seiner deutschen Mutter vermittelte Märchenelemente die Gestalt von Angstvisionen an, gegen die er sich mit seinen Aggressionsfantasien zu wehren versucht. In seinem Handel mit Heinz ist er ihm in seiner ebenfalls hinterhältigen Verhandlungsstrategie zumindest ebenbürtig. Mit dem Zusammenfallen der Ruinenmauer erwacht er aus seinen Traumwelten, empfindet Scham und ist zur Solidarität mit Heinz bereit.

Unverarbeitete Märchenerfahrung

Richard Kirsch

Richard fliegt in Deutschland ein

Richard Kirsch aus Columbus, Ohio, achtzehn Jahre alter Soldat der US-Luftwaffe, führt sich als leidenschaftslos, nüchtern, von sich selbst und seiner Aufgabe überzeugt in das Romangeschehen ein. Im Flugzeug über Deutschland fliegend, präsentiert er sich sowohl räumlich wie auch innerlich als distanziert gegenüber Deutschland und den Deutschen, als unbefangen, „frei von Feindschaft und Vorurteilen" (S. 38). Er sieht nun die Zeit sei-

Die amerikanische Mission

nes Landes Amerika für gekommen, in Deutschland ein „Jahrhundert der gereinigten Triebe, der nützlichen Ordnung, der Planung, der Verwaltung und der Tüchtigkeit" (ebd.) einzuleiten. Mehr als eine Mission, denn als einen Dienst betrachtet er seine Aufgabe. Mitgefühle sind für ihn dabei „Giftstoffe" (S. 38), „überwundene Krankheiten" (ebd.), dementsprechend betrachtet er sich selbst als „geimpft" (ebd.), „hygienisch erzogen und ausgeschlackt" (ebd.). Wenig bedeutet ihm die Vergangenheit, die Geschichte, für ihn eher ein Schulfach, bedeutsam ist ihm nur die Gegenwart. So lautet schließlich seine Maxime: „Dabeisein, Werden, Wachsen, Handeln und Fliegen" (S. 39). Scham musste er allerdings in seiner Kindheit kennenlernen. Sein deutscher Vater Wilhelm hat sich kurz vor Hitlers Machtergreifung in die USA abgesetzt, sich dort dem Dienst an der Front entzogen und dann ein Waffengeschäft geführt. Richard hat das Verhalten seines Vaters als Feigheit gedeutet, sich seiner geschämt und ist nun entschlossen, für Amerika auch zu kämpfen.

Richard als überlegener, kühler Helfer

Schmachvolle Vergangenheit des Vaters

Richards Selbstbewusstsein ist allerdings nicht frei von Überheblichkeit und Zynismus. So ist er, als er vom Flughafenbus aus die Stadt betrachtet, darüber enttäuscht, dass die Stadt nicht so verwüstet ist, wie er sich das vorgestellt hatte, da er doch extra so weit gefahren sei, um „mit Trümmern verschüttete Straßen" (S. 121) zu sehen. Als er durch die Stadt schlendert, stellt er sich vor, wie er als Architekt die Kriegslücken mit Hochhäusern füllen würde. Dass er die Menschen nicht richtig versteht, dass sie für ihn etwas „Albernes und Erschreckendes" (S. 122) an sich haben, bewegt ihn zu dem Schluss, dass „in der gesamten Konzeption" (ebd.) etwas nicht stimme. Ein Gespräch mit dem italienischen Besitzer einer Stehkneipe, der Hitler für einen großen Mann hält, bricht er abrupt ab, da er sich einerseits nicht streiten, andererseits aber auch seine amerikanischen Grundsätze nicht verleugnen möchte. Afroamerikaner sind ihm zwar gleichgültig, doch vermeidet er im Bräuhaus ein Treffen mit Frau Behrend nicht zuletzt deswegen, weil sie ihm als

Überheblichkeit und Zynismus

Inkonsequenz im Verhalten

Selbstbild und Fremdbild

die „Tante mit der Negertochter" (S. 201) im Bewusstsein ist. Dass der von der Bedeutsamkeit seiner Mission so überzeugte Richard von einer Hausmeisterstochter gerade nicht als der „Strahlende, der Erfolgsmensch, der Held" (S. 129), sondern eher als sozial unten Stehender angesehen wird, dass ihn ein deutsches Mädchen auf der Straße eher als schüchtern einschätzt, zeigt, dass Selbstbild und Fremdbild doch nicht ganz deckungsgleich sind. Richard, als Vertreter der Siegermacht schon fast eine Karikatur, der das „freie, brüderliche" (S. 218) Amerika verteidigt, wird schließlich auch Opfer der aufgebrachten Meute.

Mr. Edwin

Edwins Ankunft im Cadillac

Wie bereits bei Washington Price wird auch bei der Ankunft von Mr. Edwin zunächst der Wagen beschrieben, dann erst der berühmte Schriftsteller. Diesmal ist es der Cadillac des amerikanischen Konsuls, in dem Mr. Edwin „erschütterungsfrei" (S. 43) durch die Straßen gleitet, ein Wagen der Luxusklasse, der allerdings überraschend als „geräumiger schwarzglänzender Sarg" (vgl. ebd.) bezeichnet wird. Edwin fühlt sich nach seiner Reise von einer schlaflos verbrachten Nacht erschöpft, mutlos, allein und „uralt" (ebd.). Dabei ist sein äußeres Erscheinungsbild durchaus edel und gepflegt. Sein Gesicht zeichnet sich durch eine „Askese, Zucht und Versenkung" (S. 44) andeutende Ausstrahlung, aber auch durch „die scharfen Züge eines alten gierigen Geiers" (ebd.) aus. Seine langen grauen Haare sind „sorgfältig gescheitelt" (vgl. ebd.) und „seidezart" (vgl. ebd.), sein Körper ist noch „jugendschlank" (S. 43). Auch Emilia erkennt in Edwins Gesicht die Züge eines alten Geiers, für sie hat er jedoch auch gleichzeitig etwas von einem „alten Lord" (S. 147) und einem „alten Zuhälter" (ebd.). Mehrmals hervorgehoben wird Edwins schöner schwarzer Hut, ein „federleichtes Erzeugnis der Bondstreet" (S. 44) in London, den er im Cadillac des Botschafters auf dem Schoß

Edwins Erscheinungsbild

hält, der ihm beim Ankleiden für seinen Stadtrundgang eine „überaus vornehme" (vgl. S. 110) Anmutung verleiht, der schließlich Emilia bei ihrer Begegnung mit Edwin als Erstes auffällt (vgl. S. 146).

Mr. Edwin wird zwar am Abend im Vorlesungssaal des Amerikahauses einen mit Spannung erwarteten Vortrag über die Unvergänglichkeit des europäischen Geistes halten, fühlt sich dieser Aufgabe jedoch nicht gewachsen. Sicherlich basiere sein Wissen auf einer sorgfältig ausgesuchten und verarbeiteten Essenz aus den Schriften aller Kulturen, so wird ihm bewusst, letztlich sei es aber ein angelesenes Wissen. Er habe dieser zerstörten Stadt keine Botschaft zu bringen, er käme „mit leeren Händen, ohne Gabe, ohne Trost, keine Hoffnung" (S. 45), besser wäre es, er würde schweigen. Gleichzeitig zählt er sich jedoch zur europäischen Elite, lebt in der „strengen Zucht des Geistes" (S. 107), in „tätiger humaner Tradition" (ebd.), sei nicht wie der russische Autor Dostojewski, auf den er offensichtlich anspielt, ohne den Namen zu nennen, nicht den Dämonen, sondern der Kultur der griechischen Antike und der christlichen Vernunft verbunden. Diese Stadt jedoch erschreckt ihn, da sie „das Grauen erlebt" (S. 108) habe und die Barbarei, die aus ihr selbst hervorgegangen sei. Todes- und Verfallsgedanken plagen ihn bereits im schwarzen Cadillac, wo ihm durch den Kopf geht, er werde vielleicht in dieser Stadt sterben. In seinem Hotelzimmer rührt er die ihm servierten, erlesenen Gerichte erst gar nicht an, der Wein schmeckt für ihn nach Gräbern, „wie alte Friedhöfe bei nassem Wetter riechen" (S. 106). Sein Kunstgeschmack ist rückwärtsgewandt, er liebt altmodische Hotels mit literarischer Tradition, selbst wenn ihr Komfort zu wünschen übrig lässt und seiner Gesundheit nicht zuträglich ist. So vertreibt er sich die Zeit in der Stadt auch mit einem Besuch bei der Antiquitätenhändlerin Frau Voss und erweist sich dort als kundig, was die Objekte wie die Preise betrifft.

Trotz seiner internationalen Berühmtheit stellt sich Edwin als ein eher zurückhaltender, schüchterner Mensch

Edwin zweifelt an seinem Wissen

Seine fehlende Botschaft

Todes- und Verfallsgedanken

Edwins Zurückhaltung und Schüchternheit

dar. Einer Begegnung mit Philipp weicht er aus, vor Messalina ergreift er gleich zweimal die Flucht. Um sein Lampenfieber zu bekämpfen, trinkt er Cognac aus einem großen Rotweinglas. Dennoch, obwohl er die Schauspieler verachtet, braucht er den Beifall und die Anerkennung. So hält er seine Augen noch geschlossen, als er sich vor seinem Publikum verneigt, um den Augenblick der Kontaktaufnahme hinauszuzögern. Schwindel ergreift ihn, er glaubt, nicht reden zu können, er schwitzt. „Er schwitzte vor Angst, aber er schwitzte auch vor Glück" (S. 190), ergänzt der Erzähler und verweist damit auf die Ambivalenz von Edwins Gefühlsdynamik.

Seine Gedanken kommen nicht an

Dass die Christenheit nur noch „der vielleicht letzte Abendschein des müden Europas" (S. 212) sei, möchte er seinen Zuhörern vermitteln. Dem Vergleich der Schriftstellerin Gertrude Stein, die Menschen seien wie Tauben im Gras, sinnlos und zufällig in ihrer Existenz, setzt er sein Gottesbild entgegen. Dies alles erreicht jedoch die meisten Menschen nicht, da zum einen die Verstärkeranlage Störgeräusche von sich gibt, zum anderen die Zuhörer zumeist in Schlaf versunken sind.

Dass der Ästhet, Dichter und Philosoph Edwin tragisch endet, darauf verweisen bereits die Todessignale bei seiner ersten Fahrt im schwarzen Cadillac. Dort leidet er unter dem „Slang der Gewöhnlichkeit" (S. 44), der ungepflegten Sprache des Konsulatssekretärs und des Impresarios, und es wird weiter von ihm gesagt, er liebe diesen Slang nur, wenn er mit der Schönheit einherginge.

Edwins homosexuelle Neigungen

Als Edwin darüber nachdenkt, warum er den Beifall wirklich suche, erklärt er dies mit der Jugend, die er mit seinen Gedanken erreichen wolle: „Die Jugend, die Jünger, sie waren Lockung und Verführung" (S. 176). In den Niederungen der Hotelküche hätte Edin deswegen noch gern verweilt, weil er den „hübschen Küchenjungen" (S. 110) noch gern zugesehen hätte. So führt ihn, nach der Strapaze des ungehört verhallten Vortrags seinen homophilen Neigungen nachgebend, der Weg ins Strichermilieu der Altstadt, wo Bene, Schorschi, Kare und Sepp bereits auf ihn warten. Während sie in ihm einen

Ende im Strichermilieu

„alten Freier, einen alten Deppen, eine alte wohlhaben-
de Tante" (S. 224) erblicken und die Fäuste ballen, sind
sie für ihn der „Abglanz des ewig Schönen" (ebd.). Edwins Hilfeschrei wird von Philipp und Kay zwar gehört,
aber aus dem Bewusstsein verdrängt.

Die amerikanischen Lehrerinnen

Den deutschen Lehrerinnen, die als „arme verschüchterte Wesen" (S. 51) bezeichnet werden, mit der „ernsten
und grauen Angelegenheit" (vgl. ebd.) der Erziehung und
der Angst vor dem Schulrat beschäftigt, werden die amerikanischen Lehrerinnen aus Massachusetts gegenübergestellt, „wohlgekleidete, schöngeschminkte, jugendlich gehaltene und wirklich junge" (S. 50) Damen, die
sich ein Bild von der gelungenen, von den Alliierten un-
terstützen Aufbauarbeit in der amerikanischen Besatzungszone machen wollen. Aus der Gruppe hervorgehoben werden Katharine Wescott, achtunddreißig Jahre alt
und mit ihrer „breitgefaßten Hornbrille wie eine freund-
liche, gepflegte Eule" (vgl. S. 99) aussehend, Mildred Burnett, fünfundvierzig Jahre alt, und die einundzwanzig-
jährige Kay, mit grünen Augen und nach Reseda
duftend.

Während Miss Wescott und Miss Burnett sich mit spit-
zen Bemerkungen in kleinen Streitereien um die Füh-
rungsposition in der Gruppe ergehen und in ihrer Eifersucht glauben, die junge Kay vor literarischen An-
Anfechtungen wie der Lektüre Hemingways oder auch
vor Liebesabenteuern in der Stadt schützen zu müssen,
löst sich Kay von den „verrückten Weibern" (vgl. S. 176)
ihrer Gruppe und verfolgt eigene Ziele. Kay, deren
Deutschlandbild von ihrem Germanistik-Professor geprägt ist, wird beim Abgleich dieses Bildes mit der Wirklichkeit bitter enttäuscht. Zwar stellt sie nach dem Zusammentreffen mit Philipp fest, die Deutschen hätten
„so fürchterlich ausdrucksvolle Gesichter" (S. 101) und
„Charakterköpfe wie bei uns die schlechten Schauspie-

Amerikanische
im Kontrast zu
deutschen Lehre-
rinnen

Miss Wescott,
Miss Burnett und
Kay

Kay löst sich von
der Gruppe

Von Deutschland
enttäuscht

Kays Vorstellung
vom deutschen
Dichter

ler" (ebd.), deutsche Dichter sähen „so schrecklich romantisch aus" (ebd.), sie würden trinken und in Eichenwäldern spazieren gehen, die deutschen Dichter „träumen, sie besingen den Wald und die Liebe" (S. 213), diese naiven Klischees werden jedoch durch die glücklose Beziehung zu Philipp zerstört. Kay muss erfahren, dass ihr Motiv, sich einem deutschen Dichter hinzugeben, um sich zu Hause mit dieser Erfahrung interessant zu machen, eine Sehnsucht nach „Romantik" (S. 221), nach „Abenteuer" (S. 222), nach „Untergang" (ebd.), selbst für eine kurze Begegnung nicht ausreicht. Philipp bietet ihr nur ein schäbiges Hotelzimmer, keine literarische Arbeitsatmosphäre mit genialischer Aura und auch keinen romantischen Eichenwald. Schließlich stehen nach Edwins Vortrag auch die anderen amerikanischen Lehrerinnen edel gekleidet und aufgemacht „wie verschüchterte deutsche Lehrerinnen im Vortragssaal" (S. 221). In ihren Notizbüchern stehen „tote Wörter" (ebd.) und „Grabzeichen des Geistes" (ebd.)

Schäbiges Hotelzimmer statt Romantik

Schnakenbach

Vom Schlafentzug zur Schlafkrankheit

Der ehemalige Gewerbelehrer Schnakenbach, Pazifist, Verächter des Soldatenstands, hat sich dem Kriegsdienst mit einer „wissenschaftlichen Idee" (vgl. S. 124) entzogen. Durch einen medikamentös gestützten, systematischen Schlafentzug hat er seinen Organismus so weit geschwächt, dass sein Einsatz als Soldat nicht mehr infrage kam. Nun ist er, als Patient von Dr. Behude, auf pervitin- und benzidrinhaltige Medikamente angewiesen, um nicht permanent in einen Dämmerschlaf zu versinken. In einem chaotisch eingerichteten Labor in seinem Keller versucht er vergebens, die rezeptpflichtigen Medikamente selbst zu synthetisieren. So chaotisch wie sein Labor, so wirr ist auch das während der langen Wachzeit angelesene Wissen. Es mischen sich Elemente eines an Nietzsche orientierten nihilistischen Weltbilds mit pantheistischen Vorstellungen, vielleicht sei die

Schnakenbachs Weltbild

Welt nur eine Formel oder eine in die Weite explodierende „mikrophysikalische Welt" (S. 211). Für einen überraschenden Effekt von grotesker Komik sorgt Schnakenbach, als er, im Lesesaal des Amerikahauses eingeschlafen, verspätet und überstürzt in den Vortragssaal stürmt, für den Haustechniker gehalten wird und das vermeintlich gestörte Mikrofon in die Hand bekommt. Er greift auf ein altes Muster seines Gewerbelehrerdaseins zurück und ruft ins Mikrofon: „Schlaft nicht! Wacht auf! Es ist Zeit!" (S. 192) Dieser Ausruf ist in mehrfacher Hinsicht komisch: Zum einen verkennt Schnakenbach die Situation in grotesker Weise, zum anderen ist er selbst ja der chronisch schlafkranke, und schließlich richtet sich der Ausruf an ein Auditorium, das gerade dahinzudämmern beginnt. Zu einer humoristischen Gegenfigur zu Edwin wird Schnakenbach auch, als er Dr. Behude auf dem Heimweg seine Vorstellung der Unendlichkeit als aus allerkleinsten Endlichkeiten, aus Kraftstationen zusammengesetzt darzustellen versucht. Das sei Blödsinn, denkt sich Dr. Behude, aber vielleicht habe Schnakenbach recht, auch Edwins Vortrag habe schließlich nur in „eine kalte finstere und ausweglose Gasse" (S. 224) geführt.

Schnakenbachs grotesker Auftritt

Gegenfigur zu Mr. Edwin

Die Thematik

Großstadt als Lebensraum

Großstadt als Thema der Moderne

Die Großstadt mit ihrer zunehmenden Dynamik des Alltagslebens, der Vielfalt von Lebenskonzepten und Lebensstilen, aber auch mit ihren spezifischen Problemen der Verarmung, der sozialen Isolation des Einzelnen, der Orientierungslosigkeit, ist bereits ein zentrales Thema der literarischen Moderne zwischen 1920 und 1930. 1922 erscheint der neue literarische Maßstäbe setzende Roman *Ulysses* von James Joyce, in dem, um drei zentrale

Großstadtromane als Bezugspunkte

Figuren gruppiert und die unterschiedlichsten Stilformen variierend, ein Panorama der Stadt Dublin und ihrer Bewohner entwickelt wird. Wenige Jahre später, 1925, publiziert der amerikanische Autor John Dos Passos seinen Roman *Manhattan Transfer,* der darstellt, wie die Metropole New York über den Aufstieg oder Untergang ihrer Bürger und Einwanderer gnadenlos regiert. Schließlich veröffentlicht Alfred Döblin 1929 den bedeutendsten deutschen Großstadtroman *Berlin Alexanderplatz,* der die Geschichte des entlassenen Sträflings Franz Biberkopf dokumentiert, der sich zwar vorgenommen hat, künftig ein anständiges Leben zu führen, der aber in den Turbulenzen der Großstadt Berlin nicht Tritt fassen kann und untergeht.

Koeppens Rezeption des *Ulysses*

Sechs Jahre nach der Hitler-Diktatur und dem Ende des Zweiten Weltkriegs sind dies die literarischen Vorbilder, auf die der Autor der *Tauben im Gras* zurückgreifen kann und die mit seinem 1951 entstandenen Roman in Beziehung gebracht werden. Joyce habe er 1926 gelesen, sagt Koeppen in einem späteren Interview, und bekennt: „Ich war bis in meine Träume hinein mitgerissen." (Greiner, 1976, S. 249) Er sei davon überzeugt, „daß man heute auch ohne die Wegmarke Joyce in seine Richtung gehen müßte. Dieser Stil entspricht unserem Empfinden, unserem Bewußtsein, unserer bitteren Erfahrung." (ebd.) Ähnlich hat sich in einer Rezension des *Ulysses* zuvor auch Döblin geäußert. Man müsse es nicht unbedingt so machen wie Joyce, doch gehörten zum „Erlebnisbild" der Großstadt die Straßen, „die sekündlich wechselnden Szenen auf der Straße, die Firmenschilder, der Wagenverkehr. Das Heroische, überhaupt die Wichtigkeit des Isolierten und der Einzelpersonen ist stark zurückgetreten, überschattet von den Faktoren des Staates, der Parteien, der ökonomischen Gebilde. Manches davon war schon früher, aber jetzt ist wirklich ein Mann nicht größer als die Welle, die ihn trägt. In das Bild von heute gehört die Zusammenhanglosigkeit seines Tuns, des Daseins überhaupt, das Flatternde, Rastlose." (Döblin, 1999, S. 132) Mit dieser Charakterisierung beschreibt Döblin die thematische Konzeption des *Ulysses,* die Sicht auf das moderne Phänomen der Großstadt. In ähnlicher Weise ließe sich auch Koeppens Romanwelt beschreiben, das Leben in jener nicht genannten Stadt, die jedoch die typischen Merkmale der Stadt München erkennen lässt. Der Titel *Tauben im Gras* entspricht in seiner Bildhaftigkeit sicherlich dem, was Döblin als das „Flatternde, Rastlose" des Daseins bezeichnet hat. Koeppen entnimmt diesen Titel dem Libretto der 1934 in der Vertonung von Virgil Thomson uraufgeführten Oper *Vier Heilige in drei Akten* (*Four Saints in Three Acts,* 1929) von Gertrude Stein. In der amerikanischen Originalfassung des Zitats, die Koeppen seinem Roman als Motto beigibt, ist ein „alas", ein „leider" hinzugefügt, eine Wendung des Bedauerns. In der Szene ihres Librettos entwickelt Gertrude Stein mit der für sie typischen bewussten Monotonie zahlreicher rhythmischer Wortwiederholungen ein zum Teil gereimtes surrealistisches Ensemble, eine Landschaft mit „Tauben im Gras" („pigeons on the grass alas") sowie einer „Elster im Himmel am Himmel" („a magpie in the sky on the sky") und stellt die philosophische Frage: „Wenn sie keine Tauben im Gras wären, leider, was wären sie dann" („If they were not pigeons on the grass alas what were they")

Döblin über den *Ulysses*

München als Koeppens Romanwelt

Herkunft des Romantitels: Gertrude Stein

Elstern am Himmel – Tauben im Gras

(Stein, 1946, S. 533). Die Elster, so kommentiert Getrude Stein diese Szene im Rahmen einer Vorlesung, sei in ihrer Vorstellung ein Vogel, der in jeder Fluglage seinen Kopf in den Himmel recken könne, was sie an Bilder der Verkündigung Mariens erinnere, an den Vogel als Verkörperung des Heiligen Geistes, der hoch oben am Himmel stehe (vgl. ebd., S 510). Die in den Himmel blickenden Elstern, die „leider" im Gras verweilenden Tauben werden bei Gertrude Stein in eine bildhafte Beziehung gesetzt, deren Elemente Koeppen in seiner ersten Erzählsequenz spielerisch übernimmt: die Flugzeuge am Himmel, die Auguren, den Blick nach oben gerichtet, und die Menschen, die von dem Geschehen über ihnen nichts wahrnehmen. Damit verweist Koeppen auf einen zentralen Aspekt seines Großstadtpanoramas, auf die Ahnungslosigkeit der Menschen, die weder aus den Ereignissen der Vergangenheit, der Hitler-Diktatur und den beiden Weltkriegen, etwas gelernt haben noch die gegenwärtigen Bedrohungen erkennen. Auch weiterhin ausgeliefert dem, der sie einfängt und schlachtet, so deutet der Schriftsteller Edwin in Koeppens Roman Gertrude Steins Zitat, flattern sie frei im Nichts, „sinnlos, wertlos" (S. 215).

Auf die Bedrohung durch einen dritten Weltkrieg weist der Erzähler bereits zu Beginn des Romans mit der Bemerkung hin, die „Auguren" (S. 9), die Eingeweihten, würden wissend lächeln beim Anblick der über der Stadt kreuzenden Flugzeuge. In der Tat ist die politische Situation 1951, zur Zeit der Entstehung des Romans, erneut angespannt. In Folge der 1949 vollzogenen Gründung der Bundesrepublik Deutschland und der Deutschen Demokratischen Republik verschärft sich der sich zuvor schon abzeichnende Konflikt zwischen den USA und der Sowjetunion, was auf westlicher Seite dazu führt, dass die USA den Ausbau Deutschlands zu einem „Eckpfeiler des Abendlandes", zu einem „antirussischem Bollwerk" (Lange-Quassowski, 1979, S. 109) betreiben. Absehbar sind damit eine erneute Entwicklung Deutschlands zu einer Militärmacht und die Stationierung von amerikanischen

Ahnungslosigkeit der Bewohner

Bedrohung durch dritten Weltkrieg

Waffen, vielleicht sogar von Atomwaffen auf deutschem Boden. Wie ein Schock wirkt 1950 der Beginn des Koreakrieges, der Kampf des von amerikanischen Truppen unterstützten Südens gegen die territoriale Vereinnahmung des kommunistischen, durch chinesische Truppen verstärken Nordens. Weit verbreitet ist die Angst, aus diesem Konflikt könne nach fünf Jahren Frieden wieder ein sich ausweitender Kriegsherd entstehen.

Koreakrieg als Konfrontation der Großmächte

Dass der Kampf um den Rohstoff Öl angesichts des Ost-West-Konflikts zunehmen werde, wird 1951 durch die Entscheidung des Irans deutlich, die Ölindustrie zu verstaatlichen. In diesem politischen Kontext, durch die Schlagzeilen der Zeitungen und die amerikanischen Nachrichten immer wieder, wenn auch nur andeutungsweise, vergegenwärtigt, bewegen sich die Romanfiguren ahnungslos, weil nicht wie die Auguren zum Himmel blickend, durch die Stadt. Lediglich der Dienstmann Josef hält, während Odysseus sich in der „Glocke" auf ein Würfelspiel mit den Griechen einlässt, das ihm anvertraute Kofferradio fest in der Hand, kann Worte wie „Truman Stalin Tito Korea" (S. 68) verstehen, ahnt, dass von Krieg die Rede ist, und verfolgt auch weiterhin, das Kofferradio ans Ohr haltend, die politischen Nachrichten, ohne sie jedoch im Einzelnen verstehen zu können.

Kampf um das Erdöl

Nur Josef verfolgt die Nachrichten

Diese bedrohlichen Geschehnisse, im Ballungsgebiet einer Metropole in ihrer zerstörerischen Wirkung folgenreicher, sind als zeitgeschichtliche Hintergrundsfolie immer präsent. Wenn sie von den Romanfiguren kaum wahrgenommen werden, so auch deshalb, weil diese zu sehr damit beschäftigt sind, ihre Lebensgrundlagen zu sichern, für Amüsements zu sorgen oder an dem sich bereits abzeichnenden Wirtschaftsaufschwung teilzuhaben. So verfolgt jede der Figuren, mehr oder weniger glücklich, in unterschiedlicher Weise beeinflusst durch die unverarbeiteten Erfahrungen der NS-Zeit und des Krieges, ihre eigenen Ziele. Emilia nutzt die Geschäftswelt der Großstadt, das Leihhaus, den Antiquitätenladen und das Juweliergeschäft dazu, wertvolle Gegenstände

Bedürfnissicherung als Antriebsfeder

aus ihrem Erbe zu veräußern, um ihren und Philipps Lebensunterhalt finanzieren zu können. Traumatisiert durch den Zerfall ihres Erbes, der verlorenen „Reichsschatzanweisungen" (S. 34) zur Rüstungsfinanzierung, der im Verlauf der Währungsreform 1948 entwerteten Hypotheken, der Trümmergrundstücke und der Häuser, deren Erhalt sie nicht mehr bezahlen kann, hadert sie mit ihrem Schicksal, unfähig, sich mit ihm detaillierter auseinanderzusetzen. Ihre Kontaktlosigkeit dokumentiert sich in aggressiven Ausbrüchen oder, wie in ihrer Begegnung mit der Lehrerin Kay, in einer impulsiven, unkontrollierten und perspektivlosen Zuwendung. Philipp, während des Romangeschehens bezeichnenderweise von seiner Frau Emilia getrennt lebend, hat den Blick für die Gegenwart verloren. Obwohl es als Schriftsteller seine Aufgabe wäre, die Welt zu beobachten, steht er außerhalb der Zeit, sieht nur „ein Wogen" (S. 21) oder eine Erstarrung. Offensichtlich ist er in noch stärkerem Maße als Emilia unfähig, menschliche Kontakte herzustellen. Als Schriftsteller gegenwärtig unproduktiv, weist er das Angebot, ein Filmdrehbuch zu schreiben, entrüstet zurück, versagt als Vertreter für Schnellkleber, schafft es nicht, mit dem Schriftstellerkollegen Edwin ein Interview für das *Neue Blatt* zu führen. Die Unverbindlichkeit der Träume und Erinnerungen sind jedoch seine Domäne. So findet auch seine angebahnte Beziehung zu der Lehrerin Kay keine Erfüllung, weil er sich nicht von ihrer Person, sondern von der Idee der Weite und Freiheit ihres Landes Amerika angezogen fühlt. Angstvoll von dem Bedürfnis beherrscht, in den Erinnerungen, Normen und Werten ihrer alten nationalsozialistischen Welt zu leben, schirmt sich Frau Behrend vor allen Problemen der Gegenwart ab und verschließt sich sogar gegenüber ihrer verzweifelten und hilflosen Tochter Carla. Geradezu die Funktion einer Kontrastfigur übernimmt in diesem Kontext die im Prominentenmilieu beheimatete Messalina, die in beständiger Suche nach möglichen Partygästen und neuen Sexualpartnern für ihre Freunde mit ihrem aufdringlichen und indiskre-

Emilias Traumatisierung durch Verlust des Erbes

Philipps gestörter Gegenwartsbezug

Traum und Erinnerung als Philipps Domäne

Frau Behrend schirmt sich ab, Messalina drängt sich auf

ten Kommunikationsstil die Menschen eher verschreckt und vertreibt.

Fast schon als Choreografie arrangiert Koeppen auch eine Kette von virtuellen, sich nicht wirklich ereignenden Begegnungen im Getriebe der Großstadt. Obwohl die Wege sich kreuzen, nehmen sich die Menschen nicht wahr oder wenn doch, dann lediglich als allenfalls kurzes Interesse weckendes städtisches Detail. Zunächst werden Odysseus und Josef bei ihrer Stadtbesichtigung von einer auf Rot stehenden Ampel aufgehalten, während „Straßenbahnen, Automobile, Radfahrer, schwankende Dreiradwagen und schwere amerikanische Heerestrucks" (S. 42) den Weg kreuzen. Gleichzeitig steht missgelaunt auch Emilia vor der roten Ampel, wie man im nächsten Abschnitt erfährt. Vorbei fährt der schwarzglänzende Cadillac mit Mr. Edwin, vom Straßenkreuzer leicht gestreift auch Dr. Behude, der mit Emilia eigentlich gern näheren Kontakt hätte, sie aber nicht wahrnimmt. Auch Washington Price in seiner horizontblauen Limousine überquert die Kreuzung (vgl. S. 46), schließlich auch der Bus der amerikanischen Lehrerinnen, die einen „Neger" mit einem Radiokoffer, „Bahama-Joe" spielend, an der Kreuzung stehen sehen (vgl. S. 51). Schließlich schaltet die Ampel auf Grün, Emilia könnte die Kreuzung überqueren, fällt aber Messalina in die Hände (vgl. S. 53), kann die Grünphase jedoch noch nutzen, ebenso wie Odysseus und Josef zu den Klängen von „Bahama Joe" (vgl. S. 55). Hier ist die Anonymität der Großstadt, in der sich die Wege der Menschen kreuzen können, ohne dass es zu Begegnungen käme, mit Anklängen an eine Slapstickkomödie inszeniert.

Neben der Darstellung der auf sich selbst konzentrierten, aneinander vorbeilebenden, die Zeichen der Zeit nicht achtenden Menschen sind die wachsende Macht und der zunehmende Einfluss der Menschenmenge ein Thema im Großstadtroman der Moderne. Die Anonymität in der Masse setzt Emotionen frei, begünstigt ein aggressives Verhalten, das auszuleben der Einzelne sich nicht getrauen würde. Diese aggressive Macht der Men-

Virtuelle Begegnungen an der Ampelkreuzung

Anklänge an eine Slapstickkomödie

Die Masse als Großstadtphänomen

ge spüren Odysseus und sein Dienstmann Josef, als sie durch die Stadt schlendern und „die Schlepper, die Wechsler, die Schnapper" (S. 41) sowie die Prostituierten wittern, dass sich mit ihnen ein gutes Geschäft machen ließe. Werden zunächst noch die Gedanken oder Zurufe einzelner Personengruppen wiedergegeben, so verdichten sich bald die belästigenden Angebote zu einem „Gewisper" (S. 42) von verarmten, ausgehungerten und verkommenen Menschen, das sich aggressiv gegen Odysseus und Josef aufbaut. Gelassen setzt Odysseus seine Körperkraft ein und stößt die „Wisperer", „die zischenden Schlagen" (ebd.) behutsam, aber entschieden zurück.

Mit welch einer suggestiven Kraft die Masse auf den Einzelnen einwirken kann, erweist sich im Verlauf der Darstellung des Baseballspiels. Washington Price, zunächst nicht in seiner besten Form, hört die „Stimmen der Menge" (S. 128), nimmt „Rufe, Pfiffe und Gelächter" (ebd.) wahr und wird von der Vision verfolgt, das Stadion mit seinen Tribünen klappe wie eine gigantische Muschel über ihm zu und verdecke den Himmel. Noch deutlicher erweist sich die Macht der Masse, als Washington sein

nächstes Spiel verliert. Nun übernimmt der Stadionsprecher die Führerrolle, ist „nicht länger Washingtons Freund" (S. 131), schimpft aufgeregt und heizt die Menge an, die nun ihrerseits auf allen Tribünen johlt und pfeift. Dass Odysseus eine Cola-Flasche aufs Spielfeld schleudert und dass Carlas Sohn Heinz durch den Kopf geht: „Jetzt haben sie ihn, jetzt machen sie ihn fertig" (ebd.), ist ein Signal dafür, dass sich die Atmosphäre aggressiv

auflädt. Auch wird in diesem kritischen Augenblick deutlich, welchen Konformitätsdruck die Masse auf das Individuum ausüben kann. Heinz sträubt sich zunächst dagegen, dass die Menge über Washington herfällt, schließt sich aber dennoch dem Pfeifen und Johlen der Zuschauer an, was der Erzähler mit der Bemerkung kommentiert: „Er heulte mit den Wölfen" (ebd.). Als Washington schließlich den Sieg für die Red Stars erkämpft hat, brüllt die Stimme des Stadionsprechers heiser aus den Lautsprechern, und das Publikum trampelt und schreit. Noch einmal beugt sich Heinz der suggestiven Macht der Masse und verleugnet, dass er je an der glänzenden Form Washingtons gezweifelt habe. Die durch das Massenerlebnis noch aufgestauten Aggressionen entladen sich unter den Jugendlichen nun in einer Kette von Prügeleien.

In allen Einzelheiten dokumentiert Koeppen schließlich in den Szenen in und vor dem Bräuhaus, wie eine aufgebrachte, erhitzte, von einem Wahn befallene Menschenmasse sich zu einem Akt willkürlicher, grausamer Lynchjustiz verleiten lässt. Die aus der altrömischen Mythologie und Dichtung stammende weibliche Gestalt der Fama, bildhaft mit Flügeln und einer Fanfare dargestellt, sie, die Gerüchte wie auch den schlechten Ruf eines Menschen verbreitet, übernimmt in diesem Kontext eine zentrale Rolle. Noch ist die Stimmung im Bräuhaus gut, die „Volks- und Völkergemeinschaft" (S. 198) tobt, springt einmütig und spontan auf die Bänke „wie eine einzige geschwellte Brust der Begeisterung" (S. 200), was den Erzähler allerdings dazu veranlasst zu bemerken: „Es waren nicht Nazis, die sich da erhoben. Es waren Biertrinker" (ebd.). Da mischt sich die Fama in die Menge, das Gerücht, nicht ein Dienstmann sei getötet worden, sondern ein Taxifahrer, was die Beziehung zu den Amerikanern im Saal etwas trübt. Sigmund Freud hat in seiner Schrift „Massenpsychologie und Ich-Analyse", einer Auseinandersetzung mit der bereits 1895 erschienenen Untersuchung *Psychologie der Massen* von Gustave Le Bon, die Steuerungsprozesse in einer Menschenmasse genau beschrieben, und es ist nicht unwahrscheinlich, dass Koeppen Freuds Analysen gekannt haben könnte. Eine Masse, so führt Freud aus, kenne keine Zweifel oder Ungewissheiten, „der ausgesprochene Verdacht wandelt sich bei ihr sogleich in unumstößliche Gewißheit, ein Keim von Antipathie wird zu wilden Haß" (Freud, 1921, S. 72 f.). Die zweite Fama, das Gerücht, ein „Neger" habe gemordet, erreicht Frau Berend, die dies selbstverständlich als Tatsache den Geschäftsleuten in ihrem Umkreis weitergibt, so dass erste Aggressionen sich gegen die Af-

Das Umgehen der Fama im Bräuhaus

Freuds Analyse des Massenverhaltens

roamerikaner richten: „Was wollten die Neger hier? Es war eine Schande!" (S. 206). Mit dem dann folgenden Gerücht, die „Neger" hätten ein weiteres Verbrechen begangen, „ein Kind in die Ruinen gelockt und es erschlagen" (S. 208) wird in der Menge eine Erregung ausgelöst, die nur noch eines kleinen Impulses bedarf, um sich in Tätlichkeiten zu entladen. „Um die Sittlichkeit der Massen richtig zu beurteilen", so schreibt Freud, „muß man in Betracht ziehen, daß im Beisammensein der Massenindividuen alle individuellen Hemmungen entfallen und alle grausamen, brutalen, destruktiven Instinkte, die als Überbleibsel der Urzeit im Einzelnen schlummern, zur freien Triebbefriedigung geweckt werden" (ebd., S. 73) Die Menge im Bräuhaus zögert zwar noch, ihrer Triebbefriedigung freien Lauf zu lassen, offensichtlich aber nicht, weil die „individuellen Hemmungen" noch nicht gefallen wären, sondern, wie der Erzähler kommentiert, weil „der Führer fehlte" (S. 208). Nicht zu überlesen ist auch hier die Anspielung auf Hitler und auf die Ausschreitungen zur Zeit des NS-Regimes. Es finden sich aber „ein paar Burschen" (ebd.), die die Rolle des Führers übernehmen, und nach dem ersten Stein auf den „Negerclub" folgen die andern „schnell und leicht" (S. 209).

Dass, nachdem die Scheiben des „Negerclubs" bereits zersplittert sind, noch eine weitere Stufe der Eskalation beschritten wird, dass die „furchtbarsten Stürme der Massenseele" (vgl. Freud, 1921, S. 74) noch zur Lynchjustiz führen, dazu schafft ausgerechnet Frau Behrend, von Bier und Schnaps alkoholisiert und bereits torkelnd, den Anlass. Nachdem sie auf Washington gezeigt und gerufen hat: „Da ist er!" (S. 217), eigentlich aber nur den schwarzen Liebhaber ihrer Tochter meint, ist sie aus Scham nicht bereit, den voreiligen Ausruf in den richtigen Kontext zu rücken. Ist eine Masse aber erst einmal derart emotionalisiert, können Erklärungen sie nicht mehr erreichen, denn „sie verträgt keinen Aufschub zwischen ihrem Begehren und der Verwirklichung des Begehrten" (Freud, 1921, S. 72), Wahrheitsdurst habe die

Freud zur Enthemmung der Masse

Warten auf den Führer

Der kleine Schritt zur Lynchjustiz

Ein Missverständnis wird zum Signal

Masse nie gekannt. So wird der schwarze Washington nach einer Kette von Gerüchten und stellvertretend für alle „Neger" umgebracht und alle, die ihm zur Seite stehen, brechen ebenfalls unter den Steinwürfen zusammen. Wie die Anspielungen des Erzählers auf den Massenkult des Hitler-Regimes mit seiner brutalen Gewalt gegenüber allen, die nicht mit den Werten und Normen des Systems übereinstimmen, andeuten, hält Koeppen die Gefahr des Faschismus in Deutschland auch sechs Jahre nach dem Zusammenbruch des Dritten Reichs offensichtlich noch nicht für gebannt. Schließlich kann, was sich einmal ereignet hat, so das an vielen Stellen des Romans vermittelte Geschichtsbild, sich jederzeit wiederholen.

Gewaltbereitschaft im Nachkriegsdeutschland

Formen des Rassismus

Rassismus sei eine Geisteshaltung, so die Begriffsdefinition des französischen Rassismus-Forschers Christian Delacampagne, hinter der die Überzeugung stecke, „dass sich manche psychischen oder kulturellen ‚Mängel' der Angehörigen der verhassten Gruppe wie von selbst, automatisch sozusagen, aus bestimmten physischen Eigenschaften ergeben, die diesen angeboren sind. Anders gesagt, aus gewissen, ‚genetisch' bedingten Eigenschaften, die sie zu einer ‚Rasse' machen" (Delacampagne, 2005, S. 8). Tatsächlich handelt es sich bei der Definition dessen, was eine Rasse ausmacht, lediglich um mehr oder weniger bewusste Überzeugungen, die auf der Beobachtung andersartiger, von eigenen Persönlichkeitsaspekten wie Aussehen und Verhalten abweichender Merkmale beruhen und die der Ausgrenzung missliebiger Menschengruppen dienen. Auf eine kurze Formel gebracht, bezeichnet Delacampagne den Rassismus als den „Hass auf den Anderen, weil er anders ist" (ebd., S. 7). Alle Versuche, den Rassenbegriff genauer zu definieren und daraus eine Hierarchie der unterschiedlichen Rassen herzuleiten, beruhen auf Spekulationen und sub-

Definition des Rassismus als Geisteshaltung

Rasse als scheinbar genetischer Begriff

Rasse als Ausgrenzungsbegriff

jektiven Interessen, nicht aber auf einer wissenschaftlich haltbaren Basis. So beispielsweise das 1899 erschienene, von Hitler verehrte Werk *Die Grundlagen des 19. Jahrhunderts* des in England geborenen Essayisten und Romanautors Houston Steward Chamberlain, in dem die „germanische" Rasse als die allen anderen Rassen überlegene gepriesen wird und das eine willkommene ideologische Folie bildet für Hitlers Vernichtungsfeldzug gegen die Juden. Wenn der französische Autor Jonathan Littell in seinem 2008 erschienenen Roman *Die Wohlgesinnten* den SS-Hauptsturmführer Dr. Aue sagen lässt: „Wir wissen, dass es rassisch minderwertige Gruppen gibt, unter anderem die Juden, mit ausgeprägten Merkmalen, die sie für bolschewistische Verderbtheit, Diebstahl, Mord und viele andere schändliche Handlungsweisen empfänglich machen" (Littell, 2008, S. 423), dann gibt der SS-Hauptsturmführer ungebrochen die herrschende Lehre des Nationalsozialismus wieder. Die Antwort des Sprachwissenschaftlers und Ethnologen Dr. Voss: „Selbst wenn wahr wäre, was Sie mir da sagen, so erklären Sie mir doch bitte, was Sie unter Rasse verstehen. Denn für mich ist das ein wissenschaftlich undefinierbares Konzept und daher ohne theoretischen Wert" (ebd.). Damit wird die Rassenlehre zwar als Ideologie entlarvt, der von politischen Wahnideen gestützte Holocaust allerdings nicht verhindert.

Nach dem Zusammenbruch des NS-Regimes und der bedingungslosen Kapitulation im Mai 1945 setzt der Alliierte Kontrollrat alle Gesetze, die eine wie immer geartete Rassendiskriminierung zum Inhalt haben, außer Kraft. Das im Mai 1949 verkündete Grundgesetz legt schließlich in Artikel 3 fest: „Niemand darf wegen seines Geschlechtes, seiner Abstammung, seiner Rasse, seiner Sprache, seiner Heimat und Herkunft, seines Glaubens, seiner religiösen oder politischen Anschauungen benachteiligt oder bevorzugt werden." Damit sind allerdings tradierte rassistische, insbesondere antisemitische Einstellungen weder beseitigt noch verarbeitet. Jenseits des offiziellen Antisemitismus gebe es nun eine privatisierte Judenfeindschaft, so Delacampagne, die einer wissenschaftlichen Befragung zufolge 1949 ein Viertel der befragten Deutschen eingestanden haben, eine Zahl, die 1952 unter dem Eindruck der Wiedergutmachungszahlungen sogar auf ein Drittel steigt (vgl. Delacampagne, 2005, S. 237).

Privatisierte Judenfeindschaft

Die noch zu Beginn der Fünfzigerjahre den Alltag der jungen Bundesrepublik beeinflussenden rassistischen Einstellungen sind demensprechend auch ein Thema in Koeppens Roman *Tauben im Gras*. Von allen Romanfiguren am deutlichsten hält Frau Behrend an ihrem rassistischen Denken fest, obwohl sie oder vielleicht gerade weil sie durch den Zusammenbruch ihrer nationalsozialistischen Traumwelt, den Verlust ihres gesellschaftlichen Ansehens an der Seite ihres Mannes, sich mit der einsamen Realität eines Mansardenzimmers begnügen muss. Noch immer redet sie vom „Führer" (S. 18), noch immer nimmt sie die Juden in rassistisch geprägter Weise als „schwarzhaarige, gebrochenes Deutsch sprechende Leute" (ebd.) wahr, die „einen vorwurfsvoll aus dunkelschimmernden, nachtverwobenen Augen" (ebd.) ansehen. Herablassend und verächtlich wirft sie ihnen vor, mit ihrem „geretteten Leben" (ebd.) nichts Besseres anfangen zu können, als auf den Schuttplätzen der Stadt wieder ihren krummen Handel zu beginnen. Das alte, seit 1920 kursierende, aus einem gefälschten Protokoll stammende Gerücht, die Juden wollten die Weltherrschaft erringen, schwingt immer noch nach, wenn sich die Lebensmittelhändlerin und Frau Behrend darin einig sind, die Juden wollten sie zugrunde richten. Noch sind die Juden für Frau Behrend das fremde Volk der Wucherer und Betrüger, selbst dass sie „von Gas und Grabgräben" (ebd.) reden wollten, wirft sie ihnen mit zynischem Hochmut beiläufig vor. Vor dem Hintergrund ihres lückenlosen Ariernachweises, dem vor einer Eheschließung zu erbringenden Nachweis, dass die Eltern sowie die vier Großeltern arischen Ursprungs sind, findet sie schließlich die „Rassenschande" ihrer Tochter umso fürchterlicher. „Ob Neger oder Jude, es war dasselbe"

Rassismus als Thema des Romans

Frau Behrends Antisemitismus

Übertragung rassistischen Denkens auf Schwarze

(S.143), so urteilt sie und fordert eine „Solidarität der weißen Rasse" (S.20). Dass einmal eingespurtes rassistisches Denken leicht auch auf andere Bevölkerungsgruppen, hier auf die afroamerikanischen Besatzungssoldaten, übergreifen kann, zeigt Koeppen durch die dargestellte Denk- und Handlungsweise der Frau Behrend deutlich.

Diskriminierung der Schwarzen in Amerika

Dass sie auch „drüben in Amerika so streng mit den Negern" (S.143) seien, ist für Frau Behrend ein Grund mehr, Carlas Beziehung zu Washington zu verabscheuen. Worauf Frau Behrend mit ihren naiven Worten anspielt, ist ein auch 1951 noch nicht beendeter, Jahrhunderte alter Prozess der Diskriminierung von Afroamerikanern in den USA. Anfang des 16. Jahrhunderts beginnt ein von europäischen Ländern organisierter transatlantischer Sklavenhandel, in dessen Verlauf etwa 11 Millionen Afrikaner als Sklaven nach Amerika deportiert werden. Verboten, wenn auch illegal weitergeführt, wird der Sklavenhandel erst Anfang des 19. Jahrhunderts, abgeschafft zunächst in Massachusetts 1777, in den Vereinigten Staaten insgesamt 1865 (vgl. Delacampagne, 2005, S.113–118). Während die Afroamerikaner im Norden der USA der weißen Bevölkerung von nun an grundsätzlich gleichgestellt sind, werden im Süden Gesetze zur Rassentrennung erlassen, die zwar den Afroamerikanern die gleichen Rechte einräumen, im öffentlichen Bereich aber gemäß dem Grundsatz „equal but separate" die Lebensbereiche der Weißen und Schwarzen trennen (vgl. ebd., S.258). 1954 entscheidet der Oberste Gerichtshof, dass eine Rassentrennung in den Schulen verfassungswidrig sei, 1964 schließlich wird jegliche Form der Rassentrennung durch ein Gesetz untersagt.

Tradition des Sklavenhandels

Grundsatz „gleich, aber getrennt"

Kriegsbedingte Lockerung der Rassentrennung

Mit dem Eintritt der USA in den Zweiten Weltkrieg 1941 verändert sich allerdings im Bereich des Militärs die Einstellung zur Rassentrennung unter dem Druck, militärisch effizient zu handeln. Zunehmend werden auch Afroamerikaner zur Ausbildung in der Marine, Infanterie und Luftwaffe zugelassen. Auf eine Anweisung von Präsident Roosevelt hin, bei der Rekrutierung von Arbeitskräften in der Kriegsindustrie die Hautfarbe nicht mehr zu berücksichtigen, kommt es 1943 zwar noch zu schweren Unruhen, Ende 1944 jedoch werden auch schwarze und weiße militärische Einheiten zusammengelegt (vgl. Demny, 2001, S. 199 f.). Vor diesem Hintergrund erschließt sich die Bemerkung des jungen, gerade aus den USA eingeflogenen weißen Soldaten Richard Kirsch: „In der Luftwaffe hatten sie Neger. Die Neger flogen in denselben Maschinen wie die anderen Flieger. Richard hatte nichts gegen Neger. Sie waren ihm gleichgültig" (S. 133).

Gemeinsame militärische Einheiten

Dennoch haben die schwarzen Soldaten in der amerikanischen Besatzungszone eine eigene Kaserne für die Transporttruppe und im ehemaligen Café Schön ihren „Club der amerikanischen Negersoldaten". Dass ihre Gegenwart in der Stadt rassistische Vorurteile aktiviert, ist aus unterschiedlichen Gründen naheliegend. Zum einen entspricht es Koeppens Vorstellung vom Ablauf geschichtlicher Ereignisse, dass einmal Geschehenes die Gefahr der Wiederholung in sich birgt, dass der zur Zeit der NS-Herrschaft geschürte Rassenhass sich unter veränderten historischen Bedingungen in strukturell ähnlicher Weise gegen neue Personengruppen wenden kann. Zum anderen sind die Afroamerikaner, in ihrem eigenen Land diskriminiert, in Deutschland die Vertreter einer Siegermacht, fahren in glänzenden Straßenkreuzern vor und verteilen Kaffee, Zigaretten, Schokolade und alkoholische Getränke an die von Jahren der Entbehrung zermürbten Deutschen. So entsteht eine ambivalente, eine ganz widersprüchliche Mischung unterschiedlichster Gefühle, die Koeppen am Verhalten der Bevölkerung gegenüber den Afroamerikanern Washington Price und Odysseus Cotton aufzeigt.

Rassistische Vorurteile in Deutschland

Afroamerikaner Vertreter der Siegermacht

Insbesondere wenn sexuelle Vorstellungen und Fantasien mit im Spiel sind, einerseits ein Begehren, andererseits aber auch soziale Ängste mitschwingen, werden rassistische Einstellungen noch intensiviert. So setzen sich die Mädchen in der Wohnung der Frau Welz herausfordernd und kaum bekleidet in Szene, bieten ihre

Rassismus und Sexualität

Dienste an, weil sie meinen, „daß alle Neger geil seien" (S. 86), und können sich Washingtons Desinteresse nicht erklären. Als wenig später Carla Washington eine Szene macht und ihn mit Geschirr beschmeißt, „zischt" Frau Welz mit „geilem Jubel in der Stimme" (vgl. S. 165), die Fronten verkehrend, den Mädchen zu: „Jetzt prügelt er

Odysseus in der Fantasie der Mädchen

sie, der Nigger. Jetzt schlägt er sie. Jetzt zeigt er's ihr. Ich hab mich schon lange gewundert, daß er's ihr nicht zeigt" (ebd.). Odysseus löst bei seinem Gang durch die Straßen der Stadt ebenfalls von sexuellen Fantasien grundierte rassistische Vorurteile aus. In Gedanken bezeichnen die Mädchen ihn als „frechen Nigger" (vgl. S. 40), als „greulichen Nigger" (vgl. ebd.), sind einerseits von seinem vermuteten Geld angezogen, beschließen dann aber wieder, die nach einer Beziehung mit einem Schwarzen folgenden sozialen Ächtungen bedenkend: „Nein, ich tät's nicht!" (Ebd.) Einer Frau vor dem Schaufenster eines Schuhgeschäfts geht beim Anblick des schwarzen Odysseus durch den Kopf: „Wenn man mal könnte, die Burschen haben Körper, Manneskraft" (S. 41). Noch deutlicher wird die Mischung von Sexualbegehren, Sexualängsten und offenem Rassismus, wenn die Prostituierten auf der Straße beim Anblick von Odysseus gleich verallgemeinernd von den Afroamerikanern als

Sexualität als Entwürdigung

gutmütigen, großzügigen, aber „minderwertigen Kerlen" (vgl. ebd.) sprechen. Sie „zerrissen einem den Unterleib" (ebd.), müssten „froh sein 'ne weiße Frau zu kriegen" (ebd.), Sexualität mit ihnen sei eine Entwürdigung, aber, und hier wird die mit dem Rassismus einhergehende Angstlust besonders deutlich, die Entwürdigung sei „eine schöne widerliche Entwürdigung" (ebd.).

Rassismus und Bildungsgrad

Dass die Neigung zu Rassismus, zu einer vereinfachenden, verallgemeinernden Wahrnehmung mit einem höheren Bildungsgrad abnimmt, lässt sich am Verhalten des Gynäkologen Dr. Frahm beobachten. „Ein schöner Mann, wenn man sich an die Haut gewöhnte" (S. 117), so denkt er über Washington, den „schwarzen Vater" (vgl. ebd.). Dr. Frahm ist offensichtlich von Washington beeindruckt, der durch sein standfestes Auftreten in ihm einen Gewissenskonflikt auslöst, der schließlich zugunsten des Kindes entschieden wird. Andererseits kann ein latenter Rassismus unter dem enthemmenden Einfluss der Masse und des Alkohols unaufhaltbar und schnell bis zum Lynchmord eskalieren. Erst als sich das Gerücht verbreitet, ein „Neger" habe gemordet, wird eine rassistisch motivierte Aggressivität frei, die sich ungehemmt gegen eine ausgegrenzte Menschengruppe richtet. An dieser Stelle macht Koeppen deutlich, dass sich hinter den Steinwürfen gegen die Fenster des „Negerclubs" keine andere Triebdynamik verbirgt als die, mit der dreizehn Jahre zuvor die Nationalsozialisten gegen die Juden vorgegangen sind. Dies erspüren mit Schrecken die Älteren in der Menge, „sie fühlten sich an eine andere Blindheit, an eine frühere Aktion, an andere Scherben erinnert" (S. 216) und meinen damit die „Reichskristallnacht", zutreffender als „Reichspogromnacht" bezeichnet. In dieser Nacht vom 9. zum 10. November 1938 zerstörten die Mitglieder der SA, der Sturmabteilung der nationalsozialistischen Partei, und ihre Helfer jüdische Wohnungen, Geschäfte und Synagogen.

Schließlich richtet Koeppen durch Washingtons Telefonat mit seinen Eltern auch einen Blick auf die Rassenproblematik in den USA. Bereits mit der Lokalisierung von Washingtons Elternhaus ins „Negerviertel" (S. 62) von Baton Rouge, der Hauptstadt des Bundesstaats Louisiana, mit einem annähernd fünfzigprozentigen Anteil schwarzer Bevölkerung, richtet Koeppen den Fokus auf einen bevölkerungspolitischen Brennpunkt der Südstaaten. Wie in Montgomery, Alabama, formiert sich auch in Baton Rouge kurz nach der Entstehung des Romans der sich schon länger anbahnende Widerstand gegen die Rassentrennung am Beispiel getrennter Zonen für Weiße und Schwarze in öffentlichen Verkehrsmitteln (vgl. Demny, 2001, S. 211). So sehen Washingtons Eltern, die Realitäten ihres Viertels illusionslos einschätzend, „die fremde Tochter im Negerviertel von Baton Rouge, sehen die Andershäutige, die Frau von drüben, Frau von

Weiße im „Negerviertel" unerwünscht

jenseits des Grabens, sehen das Abteil für Farbige, die Straße der Apartheid" (S. 62). Im Spannungsfeld des schwarzen Viertels von Baton Rouge wäre die weiße Carla keine erwünschte Person, es wehren sich dort die seit Jahrhunderten Unterdrückten, unter „lebenslänglicher Verfolgung" (vgl. S. 216) Leidenden, ohne Schilder aufzurichten, aber dennoch in einmütiger Übereinstimmung. Mit Washingtons Telefongespräch fügt Koeppen der Thematik des Rassismus einen weiteren Aspekt hinzu.

Aspekte der Nachkriegskultur

Nachholbedarf in der Nachkriegszeit

Nach der Zeit der Not und Entbehrungen, mit Beginn des sich bereits abzeichnenden Wirtschaftswunders, hätten die Deutschen vieles nachzuholen gehabt, schreibt Koeppen im Vorwort zur zweiten Auflage seines Romans: „Der Bauch war endlich zu füllen, der Kopf war von Hunger und Bombenknall noch etwas wirr, und alle Sinne suchten Lust, bevor vielleicht der dritte Weltkrieg kam" (zit. nach: Treichel, 2006, S. 254). Einerseits hätten Kinos und Versicherungspaläste bereits die Trümmerhalden überragt, die neuen Geldscheine seien in Umlauf gekommen, andererseits zeichne sich ein Bedrohungsszenario ab, an dessen Ende „die Wirtschaftswundersonne vielleicht gleich wieder im Osten blutig untergehen würde." (Ebd.) Diese trotz allen wirtschaftlichen Aufschwungs bedrohlichen Aspekte der deutschen Entwicklung wie auch der Weltpolitik hat Koeppen in zwei miteinander korrespondierenden Abschnitten zu Beginn und am Ende des Romans in suggestiver Weise aufgeführt und die krisenhafte Zuspitzung der politischen Situation durch die in das Romangeschehen eingeflochtenen Schlagzeilen der Tagespresse präsent gehalten. Eine unmittelbare Gefahrenzone stellt die Teilung Deutschlands dar, deren Folge ein Leben „im Spannungsfeld, östliche Welt, westliche Welt" (S. 9) sei, ein Leben „an der Nahtstelle, vielleicht an der Bruchstelle" (ebd.). Als die Konfrontation verschärfend wertet der Erzähler die Poli-

Neues Bedrohungsszenario: der Osten

Informationen durch Zeitungsschlagzeilen

tik Adenauers, der sich in der Kontroverse über eine Westintegration oder eine politische Neutralität der Bundesrepublik für die Eingliederung in ein westliches Bündnissystem entscheidet und damit auch gegen massive Proteste die Wiederbewaffnung der Bundesrepublik vorbereitet. Schlagzeilen wie: „WEHRBEITRAG GEFORDERT, ADENAUER GEGEN NEUTRALISIERUNG" (S. 10) oder im weiteren Romankontext: „KEIN NEUER MILITARISMUS, ABER VERTEIDIGUNGSBEREITSCHAFT" (S. 68) und „DEUTSCHE WEHRVERFASSUNG KOMMT" (S. 169) verweisen auf die drohende Militarisierung. Die Schlagzeilen: „KRIEG UM ÖL, VERSCHÄRFUNG IM KONFLIKT, DER VOLKSWILLE, DAS ÖL DEN EINGEBORENEN" (S. 9) beziehen sich auf die Auseinandersetzung um die Nutzung der iranischen Ölquellen. Der Koreakrieg, über den Josef aus dem Kofferradio nur die Worte „Truman Stalin Tito Korea" (S. 68) versteht, das unmittelbare Aufeinandertreffen östlicher und westlicher Interessen, schürt die Angst vor der Gefahr eines sowjetischen Angriffs in Europa. Informationen über nukleare Aufrüstung im Westen wie im Osten, vermittelt über die Zeitungsschlagzeilen „ATOMVERSUCHE IN NEU-MEXIKO, ATOMFABRIKEN IM URAL" (S. 10), tragen mit zu der atmosphärischen Kälte bei, auf die sowohl zu Beginn wie am Ende des Romans angespielt wird.

In der Tat ist die politische Situation um 1951 angespannt und bedrohlich, nach der Erfahrung zweier Weltkriege ist auch ein dritter Weltkrieg nicht auszuschließen. „Noch schweigen die Sirenen", so der Erzähler am Ende des Romans, sowohl auf die griechischen Fabelwesen als auch unmittelbar auf die Alarmsirenen anspielend, „Noch rostet ihr Blechmund" (S. 227). Der Tod treibe bereits „Manöverspiele" (ebd.), die Schlagworte der Zeitungen verheißen: „SPANNUNG, KONFLIKT, VERSCHÄRFUNG, BEDROHUNG" (ebd.). Da die Politiker ratlos, die Gelehrten bestürzt, die Theologen ohne Glauben und die Menschen angstvoll und verzweifelt seien, bleibe nur „eine karge Spanne" (S. 228), „eine Sekunde zum Atem holen" (ebd.). So wird zu Beginn wie am Ende des

Spannungsfelder Westintegration, Wiederbewaffnung

Spannungsfelder Iran und Korea

Angst vor drittem Weltkrieg

Zeit nur zum Atemholen

Romans die Zeit als kostbares Gut bezeichnet, als „Atempause auf dem Schlachtfeld" (S. 10) beziehungsweise als „Atempause auf einem verdammten Schlachtfeld" (S. 228). Eine gewisse Atemlosigkeit kennzeichnet denn auch das Romangeschehen wie die Erzählweise, eine Suche der Figuren nach Lebensgenuss und Lebenssinn, nach Strategien des Überlebens und nach haltbaren, beständigen Lebenskonstrukten. Die als Grundierung immer wieder eingeschobenen Zeitungsschlagseiten halten jedoch das Bewusstsein wach, dass die Bedrohung allgegenwärtig ist und der Friede auf tönernen Füßen steht.

So übernehmen in Koeppens Roman für den Bereich der Massenmedien die Tageszeitungen und das von Josef getragene Kofferradio die Funktion der aktuellen Informationsvermittlung. Sie berichten über das, was man „nicht mehr im Herumschlendern und auch nicht mit bloßen Augen und Ohren" (Luhmann, 2004, S. 9) erfahren kann. In schroffem Kontrast dazu werden die Illustrierten, die Magazine, der Heftroman und der Film als Medien der Verschleierung, der Illusionsvermittlung, ja sogar der nachträglichen Rechtfertigung und Verherrlichung von herausragenden Kriegstätern dargestellt. Von „Erinnerungen der Flieger und Feldherren" (S. 10), den „Memoiren der Tapferen" (ebd.) mit Eichenlaub und Kreuzen am Kragen lebten die Illustrierten, so der Erzähler, die Täter würden dargestellt als die Ahnungslosen, die über die politische Situation nicht Bescheid gewusst hätten. Statt einer kritischen Aufarbeitung der Kriegsgeschehnisse bieten offensichtlich die Illustrierten im Stil von Human-Interest-Stories einen geschönten, das tatsächliche Geschehen verschleiernden Blick auf Einzelschicksale und zielen damit auf eine emotionale Anteilnahme des Lesers, die eine distanzierte Sicht gar nicht erst möglich macht. Mit der Frage, ob diese Helden als „Akquisiteure" der jeweiligen Illustrierten, Werber neuer Kunden oder eines Heeres tätig seien, verweist der Erzähler in ironischer Weise auf das hinter jedem Medium der Kulturindustrie steckende kommerzielle Interesse.

Bedrohung allgegenwärtig

Tageszeitungen als Informationsmedien

Illustrierte verharmlosen die Vergangenheit

Verschleierter Blick auf Einzelschicksale

Mit dem Heftroman „Das Schicksal greift nach Hannelore" hilft sich Frau Behrend über ihr trostloses Alltagsleben und ihre Enttäuschungen hinweg. Auf dem Titelbild erscheint eine junge Frau, „brav, rührend und unschuldig" (S. 20), während sich das personifizierte, nach Hannelore „greifende" Schicksal in Form von mehreren Schurken im Hintergrund formiert. Hier die brave Unschuld, dort die Fallen stellenden Schurken, diese für Heftromane typische bipolare Anordnung der Figuren soll es dem Leser leicht machen, „durch die Eindeutigkeit der Wertordnung überhaupt ein Identifikationsobjekt in der fiktionalen Welt zu finden" (Nusser, 1973/74, S. 31). Dass Frau Behrend sich offensichtlich mit Hannelore identifiziert, legt die aus ihrer Sicht angefügte Bemerkung nahe, das Schicksal greife „nicht nur" (S. 20) nach Hannelore. Der sie tröstende Gedanke: "Aber im letzten Kapitel triumphieren die Guten" (ebd.) steht allerdings in einem ironischen Kontrast zu der anfänglich getroffenen Einschätzung, es handele sich um einen „lebenswahren Roman" (vgl. ebd.). Deutlich wird durch diesen Widerspruch, wie widerstandslos sich Frau Behrend einer Täuschung hingibt, die die Machtverhältnisse in der Gesellschaft verschleiert. Auch Frau Behrends Tochter Carla liefert sich den von Frauenmagazinen vermittelten Träumen nur zu gerne aus, den Vorstellungen von einem Leben in luxuriösen, automatisierten Küchen, die arbeiten, während die Hausfrau „im Liegestuhl der Television folgt" (vgl. S. 49), mit Psychopharmaka und Versicherungen, mit Fahrten „im schwellenden Polster des Pullmanwagens" (S. 50). Da sie persönlich noch keine Realitätserfahrungen gemacht hat, kann Carla jedoch die vorgegaukelten Träume vom amerikanischen Hausfrauenleben nicht hinterfragen. Aber selbst der Verdacht, die vermittelten Bilder und Texte könnten geschönt sein, würde nicht zu grundlegenden Einstellungsänderungen führen, da, wie der Soziologe Niklas Luhmann darstellt, „das den Massenmedien entnommene Wissen sich wie von selbst zu einem selbstverstärkenden Gefüge zusammenschließt." (Luhmann, 2004, S. 9)

Frau Behrends Heftroman

Bipolare Figurenanordnung

Verschleierung der Machtverhältnisse

Carlas Träume vom amerikanischen Luxus

Sich selbst verstärkende Macht der Medien

Eine deutlich schärfere, mit Elementen der Komik und Satire aufgelockerte Kritik übt Koeppen an den von der gesellschaftlichen Wirklichkeit völlig abgehobenen Filmproduktionen. Diese Sicht teilen auch rückblickend Kulturhistoriker wie Hermann Glaser, der in der Zeit nach der Währungsreform zwar einen Aufschwung der Filmproduktion konstatiert, wobei sich der Film allerdings „ganz als Teil der affirmativen Kultur begriff – gesellschaftliche Defizite beschönigend, ungestillte Sehnsüchte absättigend, konservative Mentalitätsmuster bestätigend" (Glaser, 1986, S. 235). Der Film sei insofern ein Teil der affirmativen, die gesellschaftlichen Verhältnisse bestärkenden Kultur, so führt Glaser aus, als er zu fünfzig Prozent mit staatlichen Mitteln gefördert wurde und der Staat es sich nicht nehmen ließ, die deutsche Filmproduktion „bis zur Besetzungsliste" (ebd.) zu kontrollieren. Der „Freiwillige Kodex der Deutschen Filmindustrie" definiert 1948 den Film als ein „Mittel der Unterhaltung", das den „vom Lebenskampf ermüdeten Menschen Entspannung und Erholung gewähren" solle (zit. nach: ebd.). So dominieren Filme, die die Beziehung zur Wirklichkeit verloren haben, Heimat- und Heidefilme, „die die Realität illusionistisch verzerrten oder traumbildartig auflösten" (ebd., S. 236). Sie legitimieren sich durch die Einkommensziffern ihrer Produktionsfirmen.

In einen solchen Kontext lässt sich der Film *Die Liebe des Erzherzogs* mit Alexander in der Hauptrolle zweifellos einordnen. Tatsächlich entstand 1950 in Österreich der überaus erfolgreiche Film *Erzherzog Johanns große Liebe* mit O. W. Fischer als Erzherzog Johann, der sich am Toplitzsee in die junge Tochter eines Postmeisters verliebt. Sein Bruder, Kaiser Franz I., stimmt einer Hochzeit Johanns mit einer Bürgerlichen jedoch zunächst nicht zu, bis er nach sechs Jahren schließlich doch noch einwilligt. Offensichtlich siegen in diesem Film die Liebe, die Treue und die Beharrlichkeit über die Standesgrenzen und die politische Vernunft. So werden Mädchenträume und Illusionen wirkungsvoll vermittelt.

Koeppen entwickelt seine Kritik an der illusionistischen, wirklichkeitsfernen Filmproduktion über eine detaillierte Ausgestaltung der Hauptfigur Alexander und seines Umfeldes. Während des Hitler-Regimes Darsteller von „Ritterkreuzheldenfliegern" (vgl. S. 153), kann Alexander seine Heldenaura offensichtlich übergangslos in die Sparte des neuen Heimatfilms übertragen. Nachdem er in Kriegszeiten dazu beigetragen hat, die Kampfmoral der Luftwaffe zu stärken, soll er nun, als Erzherzog ins Milieu des Hochadels aufgerückt, für Unterhaltung und Zerstreuung des Nachkriegspublikums sorgen. Koeppen zeichnet ihn jedoch als einen Menschen, bei dem die tatsächliche Befindlichkeit und die gespielte Rolle in einem grotesken Missverhältnis stehen. Weit davon entfernt, ein grandioser Liebhaber zu sein, kann er zwar als Filmheld noch Liebesträume wecken, doch sind in ihm selbst alle Träume abgestorben. Alexander ist vollkommen ausgebrannt, in einem elenden Zustand, von Alkoholexzessen gezeichnet und seiner Rolle als Erzherzog überdrüssig. Dennoch, und damit verleiht Koeppen dem Roman eine medienkritische Perspektive, kann sich Alexander darauf verlassen, dass er für das Filmpublikum, was auch immer man über ihn erzählen könnte, das bewunderte Idol bleibt. Man verwechsle ihn „mit seinem Schatten" (S. 153), so deutet Alexander selbst das Phänomen, dass ihn die Menschen mit seiner Heldenrolle identifizieren, zwischen Rolle und Rollenträger nicht unterscheiden.

Am Einzelbeispiel Alexander verdeutlicht Koeppen, was Theodor W. Adorno und Max Horkheimer in ihrer 1947 erschienenen Schrift *Dialektik der Aufklärung* über die gesellschaftliche Funktion der Kulturindustrie entfalten. Für sie sind die Massenmedien wie Funk und Film nicht mehr als ein Geschäft, das sich durch seine Einkommensziffern legitimiert und dazu dient, die bestehenden gesellschaftlichen Verhältnisse dadurch zu stabilisieren, dass es von allen gesellschaftlichen Problemen ablenkt. In der Kulturindustrie sei das Individuum illusionär, standardisiert, genormt. Pseudoindividualität herrsche

Alexanders Heldenaura

Missverhältnis zwischen gespielter Rolle und Person

Alexander bleibt bewundertes Idol

Gesellschaftliche Funktion der Kulturindustrie

vor, selbst der originellen Filmpersönlichkeit müsse eine Locke übers Auge hängen, damit man sie erkenne: „Gerade die trotzige Verschlossenheit oder das gewählte Auftreten des je ausgestellten Individuums werden serienweise hergestellt wie die Yaleschlösser, die sich nach Bruchteilen von Millimetern unterscheiden." (Adorno, 1969, S. 163) Der Vergleich mit den Yaleschlössern, den Mitte des 19. Jahrhundert entwickelten Zylinderschlössern, die Begriffe „ausgestellt" und „hergestellt" verweisen auf den Grad der Verdinglichung und Künstlichkeit. Mit dem Wort „hergestellt" beschreibt Koeppens Erzähler auch das Ankleideritual des Erzherzogs, bei dem aus dem schwitzenden, von Übelkeit geplagten Alexander ein sich „im Licht der Tausendkerzenbirnen" (S. 13) spreizendes Idol geschaffen wird. Gern lassen sich die Menschen von den Massenmedien und ihren Helden täuschen, sie wollen die Illusion, das weiß auch Alexander, wenn er sich vergewissert: „Die Leute hatten die Nase voll; sie hatten genug von der Zeit, genug von den Trümmern; die Leute wollten nicht ihre Sorgen, nicht ihre Furcht, nicht ihren Alltag, sie wollten nicht ihr Elend gespiegelt sehen." (Ebd.)

„Die Leute" verweist vor allem auf die breite Masse der Menschen, die in Arbeitsprozesse mit geringen Gestaltungsmöglichkeiten eingespannt sind. „Die kapitalistische Produktion hält sie mit Leib und Seele so eingeschlossen", so argumentieren Adorno und Horkheimer, „daß sie dem, was ihnen geboten wird, widerstandslos verfallen. Wie freilich die Beherrschten die Moral, die ihnen von den Herrschenden kam, stets ernster nahmen als diese selbst, verfallen heute die betrogenen Massen mehr noch als die Erfolgreichen dem Mythos des Erfolgs." (Adorno, 1969, S. 141 f.) In Koeppens Roman ist es die Prostituierte Susanne, die auf Alexanders Erfolgsmythos hereinfällt, die das Idol mit der realen Person verwechselt. Ganz anders reagiert demgegenüber die von Modeschöpfern eingekleidete Ehefrau des Herausgebers des „Gerichtskuriers" kurz vor Beginn von Edwins Vortrag. Sie schmeichelt Alexander mit der Bemerkung,

„Herstellen" als Form der Verdinglichung

Von den Menschen gewünschte Illusion

Erfolg als Mythos für die Masse

Das Beispiel Susanne

sein Film solle ja wundervoll sein, was Alexander überraschend mit der kurzen und trockenen Bemerkung „Ein Schmarren" (S. 189) quittiert. Die gesellschaftlichen Formen wahrend, antwortet die Dame: „Wie witzig Sie wieder sind", denkt sich aber insgeheim: „Natürlich ist es ein Schmarren, aber warum sagt er's so laut? ist es vielleicht doch kein Schmarren? dann ist es sicher ein ernster und langweiliger Schmarren" (ebd.). Höheren gesellschaftlichen Kreisen zugehörig, durchschaut sie offensichtlich die Machenschaften der Filmindustrie und weiß auch gegenüber dem von vielen als Idol verherrlichten Alexander Distanz zu wahren.

Beispiel für aufgeklärte Distanz

Koeppen zeigt auch, wie auf unterster sozialer Ebene die Identifikation mit den gängigen Mustern der filmischen Unterhaltungsindustrie zu bedenklichem Realitätsverlust führen kann. Die Tochter der Hausbesorgerin, die Frau Behrend die morgendliche Milch bringt, wird als „hungrig" nach einem Leben dargestellt, „wie es ihr Filme zeigten" (S. 17), und sieht sich, ihrer Identität beraubt, bereits als „verwunschene Prinzessin" (ebd.). Obgleich sie geradezu als das Gegenbild zu einer Filmdiva beschrieben wird, hält sie sich für auserwählt und wartet auf einen „Erlöserprinzen" (ebd.), der über Geld, Kraft, Glamour oder auch technisches Genie verfügt. Vor diesem Erwartungshintergrund hat der amerikanische Soldat Richard Kirsch, wenn auch bei der Luftwaffe, keinerlei Chancen. Sie weiß, dass er „nicht der Strahlende, der Erfolgsmensch, der Held" (S. 129) ist, auf den sie wartet. Wenn schließlich die arbeitslosen Jugendlichen Schorschi, Bene, Kare und Sepp, die am Abend den weltberühmten Schriftsteller Edwin überfallen, „schon am Morgen vor dem Licht des Tages fliehen" (S. 22) und sich in den „Engellichtspielen" den Film *Der letzte Bandit,* in der Originalfassung *Billy the Kid,* ansehen, so haben Adorno und Horkheimer für dieses Verhalten eine plausible Erklärung: „Die Beschäftigungslosen der großen Zentren finden Kühle im Sommer, Wärme im Winter an den Stätten der regulierten Temperatur. Sonst macht selbst nach dem Maß des Bestehenden

Realitätsverlust durch Unterhaltungsindustrie

Warten auf den Erlöserprinzen

Kino als Fluchtstätte

die aufgedunsene Vergnügungsapparatur den Menschen das Leben nicht menschenwürdiger." (Adorno, 1969, S. 147)

Lebenskonzepte des Schriftstellers

Der gescheiterte Literat Philipp

Von den aggressiven Anfällen seiner vom Alkohol enthemmten Frau in ein geschmacklos und billig eingerichtetes Hotelzimmer geflohen und vom Portier mit Misstrauen betrachtet, wird der etwas über vierzig Jahre alte Schriftsteller Philipp in das Romangeschehen eingeführt. Literarisch bisher weitgehend erfolglos, ohne erkennbare Zukunftsprojekte, ohne gestalterische Kraft und ohne eigenes Einkommen lebt er, gesellschaftlich isoliert, von den gelegentlichen Einkünften seiner aus ehemals vermögender Familie stammenden Frau. Mit Spannung erwartet und von den Medien angekündigt, gleitet demgegenüber der in der literarischen Weltöffentlichkeit beachtete und geschätzte, etwa zwanzig Jahre ältere Schriftsteller Edwin im Cadillac des amerikanischen Botschafters durch die Straßen der Stadt, um in einem vornehmen Hotelzimmer mit antikem Mobiliar Quartier zu beziehen. Er wird am Abend im großen Vorlesungssaal des Amerikahauses einen Vortrag über das Geistesleben Europas halten, ein gesellschaftliches und intellektuelles Ereignis, das dem Kulturleben der Stadt neue Perspektiven eröffnen soll. Auf der einen Seite der Versager, auf der anderen die gefeierte Kultfigur, schärfer hätte Koeppen den Kontrast zwischen den beiden Schriftstellern kaum gestalten können. Doch entspricht es Koeppens Ironie, dass die scheinbar als Antipoden aufgebauten Schriftstellerfiguren mehr miteinander gemein haben, als es zunächst erscheinen mag.

Der berühmte Dichter Edwin

Kontrast und Gemeinsamkeiten

Philipps Resignation und Selbstzweifel

Philipps offensichtliche Unfähigkeit zu einer wie immer gearteten literarischen Produktion ist im Kontext einer ihn beherrschenden Grundstimmung der Resignation und des Selbstzweifels zu sehen. „War Philipp nicht Schriftsteller? Herr der Schreibgeräte?", so fragt er sich verunsichert während einer vorübergehenden Vertreterrolle in einem Schreibmaschinengeschäft: „Ein gedemütigter Herr! Wenn er den Mund aufmachte, ein Zauberwort aussprächte, würden sie losklappern: willige Diener. Philipp wußte das Zauberwort nicht" (S. 57), jenes Zauberwort, mit dem, einem Gedicht Joseph von Eichendorffs entsprechend, „das Lied in allen Dingen" (Eichendorff, 1957, S. 112), die Poesie geweckt werden kann. „Gedemütigt" fühlt sich Philipp nicht nur in allen sozialen Situationen, insbesondere als er versehentlich für Edwin gehalten wird und ihn eine „innerlich peinigende Scham" (S. 98) ergreift, sondern auch, wenn er mit sich selbst allein ist. So definiert er seine Berufung zum Schriftsteller als einen „ehrenvollen Posten", von dem aus er „alles beobachten sollte" (S. 21). Doch hindert ihn ein Schwindel an genauerer Beobachtung, die Zeitebenen verschieben sich, geraten durcheinander und was in seinem Kopf entsteht, ist lediglich „ein gefrorenes, nichtssagendes, dem Gelächter schon überantwortetes Bild." (S. 22) Philipp vermag sich gegenüber seiner Umwelt nur unzureichend zu behaupten, erlebt sich als „unfähig, feige, überflüssig" (S. 57), als „schwach" (S. 104), schließlich als „verdorrt", „erstarrt" und „erkaltet" (vgl. S. 226). Alle Symptome weist Philipp auf, die Sigmund Freud 1917 unter dem Begriff der Melancholie zusammenfasst. Sie zeichne sich aus „durch eine tief schmerzliche Verstimmung, eine Aufhebung des Interesses für die Außenwelt, durch den Verlust der Liebesfähigkeit, durch die Hemmung jeder Leistung und die Herabsetzung des Selbstgefühls, die sich in Selbstvorwürfen und Selbstbeschimpfungen äußert und bis zur wahnhaften Erwartung von Strafe steigert." (Freud, 1917, S. 198)

Dass Philipps melancholische Grundierung mit seinem Verhalten während des Hitler-Regimes zusammenhängt, darauf verweisen einige Rückblicke in seine Vergangenheit. Er sei allenfalls ein „Gefühlskommunist" (S. 152), habe nicht wie der Held in Hemingways Roman *Wem die Stunde schlägt* als Guerillakämpfer am Spanischen Bürgerkrieg teilgenommen und bekennt: „Ich drückte mich durch die Diktatur, ich haßte aber leise, ich haßte aber

---

Randnotizen:

Schriftsteller als Beobachter

Philipps Schwäche, sich zu behaupten

Symptome der Melancholie

Zusammenhang mit der NS-Zeit

Philipps Form des inneren Widerstands

in meiner Kammer, ich flüsterte aber mit Gleichgesinnten" (ebd.). Mit solchen Leuten sei weder ein Staat zu machen, noch ein Staat zu stürzen. Dass diese lediglich innere Form des Widerstands, von ihm als Schwäche gedeutet, Nachwirkungen auf seine Gegenwart zur Folge hat, lässt sich an anderer Stelle aus dem Eingeständnis erkennen, er sei „schwach" gewesen, sei auf dem Schlachtfeld, „auf der Walstatt geblieben, auf der sich die schändliche Politik und der gemeinste Krieg, Wahnsinn und Verbrechen ausgetobt hatten" (S. 104) und in dessen Lärm sein erstes Buch untergegangen sei. Noch ein zweites Mal erwähnt er den „verfluchten Schauplatz, den er nicht verlassen konnte, vielleicht auch nicht verlassen mochte" (vgl. ebd.) und der, so seine oft geäußerte Befürchtung, „für ein neues blutiges Drama hergerichtet wurde." (Ebd.) Deuten lässt sich die wiederholte Bemerkung, er habe den damaligen Schauplatz nicht verlassen können, als das Eingeständnis, sein angepasstes Verhalten während der NS-Zeit und die Ereignisse während des Krieges nicht bewältigt zu haben, dadurch

Unbewältigte Vergangenheit

innerlich nicht frei zu sein für neue schriftstellerische Arbeiten. Zwei einschneidend wirkende Erlebnisse könnten Philipp somit an der Entfaltung seiner kreativen Kräfte hemmen: zum einen die zutiefst kränkende Erfahrung, zu schwach gewesen zu sein, einem verbrecherischen Regime Widerstand entgegenzusetzen, zum andern das nicht minder verletzende Erlebnis, dass ein selbst verfasstes Buch ohne öffentliche Resonanz im Lärm der Zeit untergeht.

Deutet man Philipps Melancholie, sein fehlendes Selbstwertgefühl als Reaktion auf seine zwar nicht verleugnete, aber auch nicht hinreichend aufgearbeitete unentschiedene Haltung während der NS-Zeit, seinen Rückzug

Philipp hat den Leuten nichts zu sagen

ins Private, so wird es verständlich, dass er „den Leuten, die draußen vorübergingen, nichts zu sagen" (S. 57) hat. Wie die Leute draußen sei auch er verurteilt, allerdings in anderer Weise. Die Zeit habe diesen Ort „zu Lärm und Schweigen verurteilt" (ebd.), zum Lärm des wirtschaftlichen Aufschwungs und zum Schweigen über die Verbrechen des NS-Regimes. Wenn anschließend die von Plakatwänden „schreiende" Schlagzeile „WIE EMMY HERMANN GÖRING KENNENLERNTE" (ebd.) eingefügt wird, so dokumentiert damit der Erzähler, dass der Nationalsozialismus auf der Ebene der Hofberichterstattung, nachträglich verherrlicht, immer noch präsent ist. Die Verbindung des späteren Reichsministers Hermann Göring mit der Schauspielerin Emmy Sonnemann stößt, zu einem gesellschaftlichen Event stilisiert und entpolitisiert, in der deutschen Öffentlichkeit noch auf Interesse.

NS-Hofbericht- erstattung als Kontrast

Was der Schriftsteller Philipp den Leuten draußen voraus hat, ist seine Fähigkeit, verlogene Gefühlswelten zu durchschauen und sich über die „Dummheit der politischen Propaganda" (S. 170) zu erheben und über sie zu lachen. So verweigert er sich entschieden dem Angebot, für Alexander oder Messalina ein Filmdrehbuch zu schreiben, auch wenn es angesichts seiner desolaten Finanzlage ökonomisch vernünftig wäre. Für diese „falschen Gefühle, die echten falschen Gefühle" (S. 56) habe er „kein Organ" (ebd.), entgegnet er der Gräfin Anne und zweifelt daran, dass wirklich alle einen solchen Film wie *Die Liebe des Erzherzogs* sehen wollten. Indiskutabel, weil eine verlogene Welt vorgaukelnd, ist für ihn das Genre des Heimatfilms, die Menschen belügend und betrügend die Domäne der Politik, wobei die Politiker ihrerseits nicht minder belogen und betrogen seien. Philipp selbst betrachtet sich als „leidlich immun gegen Verführungen" (S. 170), doch spiele er im Bereich der Politik die lächerliche Rolle des Toleranten, der zwischen den Fronten steht, keine feste Bindung eingeht und deshalb von allen angefeindet und mit dem Vorwurf konfrontiert wird, seine Toleranz fördere geradezu die Intoleranz. Auch hier wieder grenzt sich Philipp von den „ernsten" Menschen ab, wie auch zuvor, wo er über sich sagt: „Mir fehlt der Sinn für die Wirklichkeit, ich bin eben kein ernster Mann" (S. 57). Für sich zu bleiben ist schließlich Philipps Konsequenz.

Philipp durch- schaut die verlogenen Gefühlswelten

Heimatfilme als Lug und Trug

Philipps Rolle des Toleranten

Philipps Rolle des Toleranten

Damit erweist sich Philipp einmal mehr als eine Figur, in die Wolfgang Koeppen zahlreiche Aspekte seiner eige-

Philipp als Projek- tion des Autors Koeppen

nen Konzeption vom Schriftstellerdasein projiziert hat. In seiner Rede zur Verleihung des Büchner-Preises 1962 sagt Koeppen über sich selbst: „Ich liebe es nicht, mich auf den Markt zu begeben und zu reden. Ich bin kein Mann des geselligen Mittelpunktes. Ich bin ein Zuschauer, ein stiller Wahrnehmer, ein Schweiger, ein Beobachter, ich scheue die Menge nicht, aber ich genieße gern die Einsamkeit in der Menge" (Koeppen V, S. 253). Wie seine Romanfigur Philipp sieht auch Koeppen seine eigene Schriftstellerrolle als die des Beobachtenden, des einsamen Außenseiters. Damit ist allerdings nicht gemeint, dass der Schriftsteller sich schweigsam in der Ruhe seines Arbeitszimmers verschließen solle, im Gegenteil: „Der Schriftsteller ist engagiert gegen die Macht, gegen die Gewalt, gegen die Zwänge der Mehrheit, der Masse, der großen Zahl, gegen die erstarrte faule Konvention" (ebd., S. 257). Wenn er sich jedoch der Macht unterwerfe und sich mit ihr verbände, habe er „seine Seele eingebüßt" (ebd.), denn er gehöre zu einem Stande, der sich nicht scheuen dürfe, auch ein Ärgernis zu sein. Dass Koeppen in ähnlicher Weise wie Philipp während des NS-Regimes keinen Widerstand geleistet hat, spricht er in einer autobiografischen Skizze von 1961 offen aus: „Das Grauen kam über die Welt. Ich stellte mich unter, ich machte mich klein, ich ging Eulenspiegels Wege, ich erlebte Grotesken und Verhängnisse, Freundschaft und Verrat, ich war ein Schaf unter Wölfen und ein Wolf unter Schafen, ich wollte das Ende der Tragödie sehen, und als der Vorhang fiel, war ich erschöpft." (Ebd., S. 252) Dafür, dass diese Erschöpfung Koeppens der seiner Romanfigur Philipp nicht unähnlich ist, spricht einiges.

Noch vor seinem großen abendlichen Auftritt eilt dem Schriftsteller Edwin, Philipps erfolgreichem und prominentem Gegenbild, der von einem englischen Rundfunksender verbreitete Ruf voraus, ein „Kreuzfahrer des Geistes" (S. 186) zu sein. Er sei in die Stadt gekommen, so heißt es, um „für die Unvergänglichkeit des Geistes, für das alte Europa zu zeugen" (ebd.), das seit der Französischen Revolution in seinem gesellschaftlichen wie geis-

Koeppen als engagierter Beobachter

Schriftsteller als Ärgernis

Koeppens Haltung während des NS-Regimes

Edwin eilt der Ruhm voraus

tigen Leben erschüttert sei. Wenn er auch angesichts der vom Krieg zerstörten Stadt unsicher wird, ob er den Menschen überhaupt eine Botschaft zu bringen habe, fühlt er sich doch, obgleich in Amerika geboren, in der europäischen Kultur beheimatet und zu der geistigen Elite Europas gehörig. Dementsprechend grenzt er sich entschieden von einem Autor wie dem Russen Dostojewski, des „Heilig-Kranken, des Besessenen, des großen Unweisen" (S. 108) ab, der, so lassen sich Edwins zornige Worte deuten, Europas Untergang vorhersage und in seinen Romanen ein Leben ohne Ethik und Moral gutheiße. Gleichermaßen wendet er sich gegen Gertrude Stein und ihren berühmteren Schüler Hemingway, bezeichnet sie als „Zivilisationsgeister" (S. 214), die die Menschen bloßstellten, indem sie die menschliche Existenz als sinnlos und zufällig bezeichneten. Wenn auch nicht ausdrücklich darauf verwiesen wird, so sind in diese Kritik, durch die Begriffe „sinnlos" und „zufällig" deutlich markiert, auch die Vertreter des französischen Existenzialismus, insbesondere Jean-Paul Sartre einbezogen, der ausschließlich dem Menschen selbst, jenseits von Religion und Metaphysik, die Verantwortung für seine Existenz zuschreibt.

Dagegen sieht Edwin in der Antike, in der christlichen, der humanistischen Tradition eine Chance für den Fortbestand des europäischen Geistes, in dem allein er die Zukunft der Freiheit verwirklicht findet. Schließlich beendet Edwin seine Ausführungen über den europäischen Geist der Freiheit mit einem Verweis auf Goethes Gedicht „Urworte, orphisch". Durch seine Geburt, so der Gedankengang der Verse, sei der Mensch in ein Gesetz eingebunden, innerhalb dessen er sich in weitgehend vorgegebenen Bahnen entwickeln, dem er aber nicht entfliehen könne. Dieses Gesetz, so erläutert Goethe sein Gedicht, „bedeutet hier die notwendige, bei der Geburt unmittelbar ausgesprochene, begrenzte Individualität der Person, das Charakteristische wodurch sich der Einzelne von jedem anderen, bei noch so großer Ähnlichkeit unterscheidet." (Goethe, 1998, S. 530) Innerhalb

Der amerikanische Dichter als Europäer

Polemik gegen Dostojewski

Abgrenzung von Nihilismus und Existenzialismus

Europäischer Geist als zukunftsweisend

Goethes „Urworte" als Vortragsende

dieses Gesetzes, von dieser „angebornen Kraft und Ei-
genheit" (vgl. ebd.) aus solle sich das Schicksal des Menschen entwickeln. Diese überraschende Schlusswen-
dung Edwins bewertet Philipp als „fast deutsch" (S. 215)
und stellt, bezogen auf Edwins Suche nach der Freiheit
des europäischen Geistes lakonisch fest: „Er hat sie nicht
gefunden." (Ebd.)

Unter dem Aspekt der literarischen Produktivität und
des öffentlichen Ansehens stehen die beiden Schriftsteller in einem Kontrast, der sich schroffer kaum denken
lässt. Doch gerade diese Konstellation ermöglicht es Koeppen, sowohl die Fragwürdigkeit einer künstlerischen
Aura aufzudecken als auch die dem prominenten Künstler entgegengebrachte Ehrfurcht ironisch zu überzeich-
nen. Für den Schriftsteller Philipp ist sein älterer Kollege
Edwin zunächst ein Vorbild, was sich der Beobachtung
Emilias entnehmen lässt, an der Wand seines Arbeits-
platzes habe Philipp vorübergehend eine Fotografie Edwins geheftet, ausgerechnet „über dem Stoß des weißen
unbeschriebenen Papiers" (S. 147), der Dokumentation
seines schriftstellerischen Versagens. Philipps unbe-
schriebenem Papier entspricht am Ende, wenn auch
durch das Versagen der Technik verursacht, ein von den
Zuhörern unverstandener Vortrag Edwins. Zuvor aber
entwickelt sich ein Verwechslungsspiel, das für Philipp
in doppelter Weise kränkend und peinlich ist. Zum einen muss er, der vor einem Interview mit Edwin scheu
zurückweicht, erleben, dass die amerikanischen Lehrerinnen und Journalistinnen der Tagespresse, von jegli-
cher Befangenheit frei, sich über Philipp als vermeintli-
chen Edwin stürzen und ihn mit Fragen und Bitten
überhäufen und belagern. Zum anderen muss er erfahren, dass gerade er, der unter einer mangelnden Produktivität Leidende, mit einer von Edwin entlehnten künstlerischen Aura umgeben wird und noch nicht einmal
über die Energie verfügt, dieses Missverständnis mit der
nötigen Entschiedenheit aufzuklären. Deutlich wird dadurch die Fragwürdigkeit eines Prominentenkults, der
sich selbst an einer Person entzünden kann, die eine nur

vage Ähnlichkeit mit dem erwarteten Idol aufweist. Edwin hätte, so kommentiert der Erzähler, wenn er anwesend gewesen wäre, „das Fragwürdige und Komische der eigenen Existenz durch Philipps Auftritt wie durch einen Schatten vergrößert, gezeichnet und verraten gefunden." (S. 106)

Ironische Problematisierung des Prominentenkults

Als Philipp und Edwin, sich in ihrer Scheu und Furcht vor Situationen der Fremdheit und vor der Öffentlichkeit durchaus ähnlich, auf der Flucht vor Messalina im Hof des Hotels plötzlich einander gegenüberstehen, gehen beide einen Schritt zurück und verlassen das Gelände durch den Personalausgang, „scheu zueinander Distanz wahrend" (S. 112), während der Portier sie als „Pack" und „Nichtstuer" (ebd.) bezeichnet. Philipp verbietet sich eine Annäherung im Hotelhof, Edwin hingegen möchte bewundert, ja verehrt werden, um seine Aura zu wahren, braucht er „Jünger", „Nacheifernde", „strahlende Gläubige" (vgl. S. 111 f.). Edwin erkennt zwar in Philipp den Literaten, doch gleichzeitig auch dessen Trauer und Zweifel, vor der er sich zurückzieht. Erst während Edwins Vortrag, in einer von feiner Ironie geprägten Schlüsselszene, kommen sich Philipp und Edwin gedanklich näher, ohne sich allerdings dessen bewusst zu werden. Philipp, neben sich die junge Amerikanerin Kay, die noch Emilias Schmuck trägt, entwickelt den Gedanken, dass sein Leben ohne Emilia einfacher wäre, so fühle er sich gefangen, „wie ein Vogel an der Rute" (S. 214), einer Leimrute, wie sie früher zum Vogelfang verwendet wurde. Er könne, so wird der Vergleich mit dem Vogel noch weiter ausgestaltet, „seine natürlichen Schwingen zu den kleinen Flügen, die ihm bestimmt waren und die ihm sein Futter gegeben hätten, nicht mehr rühren." (Ebd.) Er werde nie wieder frei sein, denkt Philipp weiter, „ich habe mein Leben lang die Freiheit gesucht, aber ich habe mich verlaufen." (Ebd.) Der darauf folgende Satz greift Philipps Gedankengang unmittelbar auf: „Edwin erwähnte die Freiheit. Der europäische Geist, sagte er, sei die Zukunft der Freiheit, oder die Freiheit werde keine Zukunft mehr in der

Verhinderte persönliche Bekanntschaft

Edwin braucht strahlende Gläubige und Jünger

Philipp begreift sich als gefangener Vogel

Edwin greift Philipps Gedanken auf

Welt haben." (Ebd.) Daran anschließend distanziert sich Edwin von Gertrude Steins Vergleich der Menschen mit „Tauben im Gras" (ebd.), um als gläubiger Christ die in diesem Bild fehlenden Gottesgedanken zu kritisieren. Philipps Reflexion über seine gegenwärtige Situation, über die „Kalamitäten seiner Existenz" (ebd.), hier mit seltener Klarheit vorgebracht, berühren sich auf der Inhalts- wie der Bildebene mit Edwins rhetorischen Sentenzen über den Geist der Zeit. Erst während des Vortrags, als Philipp angesichts der gestörten Übertragung und der schlafenden Zuhörer die Vergeblichkeit von Edwins Redekunst erkennt und ihn als „rührenden hilflosen gequälten Seher" (vgl. S. 213) wahrnimmt, erkennt er auch das sie verbindende Element: Wie er seine eigene Existenz als Schriftsteller für vergeblich hält, so sieht er nun Edwins Rhetorik als eine „vergebliche Beschwörung" (ebd.) und er kann sich eingestehen: „Ich verehre ihn, jetzt verehre ich ihn" (ebd.).

Philipp kann Edwin jetzt verehren

Wenn sich Wolfgang Koeppen auch kurz nach dem Erscheinen der *Tauben im Gras* in einer Skizze „Die elenden Skribenten" gegen den Vorwurf wehrt, er habe in seinem Roman in der Art eines Schlüsselromans Personen der Gesellschaft porträtiert, und versichert, „ich habe an keine bestimmten Personen, an keine bestimmten Vorgänge des Lebens gedacht, ich wollte das Allgemeine schildern, das Gültige finden, die Essenz des Daseins" (Koeppen V, S. 234), so mag das auf die Münchener Gesellschaft bezogen zutreffen. Dies hat ihn jedoch nicht gehindert, um das geistige Klima seiner Zeit authentisch wiederzugeben, der Figur des Schriftstellers Edwin deutlich erkennbare Merkmale des ursprünglich amerikanischen Autors T. S. Eliot zu verleihen. 1888 in St. Louis geboren, von einer Familie aus Massachusetts stammend, hat T. S. Eliot 1927 die britische Staatsbürgerschaft erhalten und konvertierte zum Anglo-Katholizismus. Bereits in einem 1919 entstandenen Essay „Tradition and the Individual Talent" beschwört er den europäischen Geist, der die von ihm idealisierte kulturelle Tradition ordne und bewahre. In seinem 1922 ver-

Koeppen gegen den Vorwurf, lebende Personen zu porträtieren

Edwins Ähnlichkeit mit T. S. Eliot

öffentlichten dichterischen Hauptwerk *The Waste Land,* 1927 als „Das wüste Land" in deutscher Sprache erschienen, erweist sich Eliot als „ein genialer Zeitdiagnostiker", der das „Zerbrechen traditioneller Werte auf allen Ebenen der Kultur und des Lebens in der Zeit nach dem Ersten Weltkrieg in einer innovativen sprachkünstlerischen Form mit größter Eindringlichkeit zum Ausdruck brachte" (Müller, 2000, S. 212). Man erkennt aber auch in ihm den Autor, der sich „gleichzeitig als Sinnsuchender und Bewahrer des kulturellen Erbes zeigte" (ebd., S. 213). Dabei bedient er sich literarischer Darstellungsformen wie der Montagetechnik, einer Fülle von Anspielungen, der Reihung fragmentarischer Einzelteile und mythologischer Verweise.

Eliots Beschwörung des europäischen Geistes

In den gedanklichen Bahnen T. S. Eliots bewegt sich ebenfalls der Schriftsteller Edwin, auch er sieht in der europäischen Tradition, dem europäischen Geist die einzig mögliche Zukunft, auch er sucht den Sinn der menschlichen Existenz in einem religiös geprägten Denken. Edwin wie Eliot sind amerikanischen Ursprungs, leben aber in Europa und verstehen sich als Europäer. Überdies entsprechen die hervorgehobenen Merkmale von Edwins äußerem Erscheinungsbilds, die scharfen Gesichtszüge eines „Geiers" (S. 44, 148), der sorgfältig gezogene Scheitel (vgl. S. 44), sein „edles, Askese, Zucht und Versenkung andeutendes Gesicht" (ebd.) den Porträts, die von T. S. Eliot überliefert sind.

Nicht nur gedankliche, auch physiognomische Ähnlichkeiten

Die Erzählweise

Aufbau, Raum und Zeit

Kritische Anmerkungen des Verlegers Goverts

„Das Presto-Tempo der vielen aneinander vorbeiagierenden Menschen, vor allem am Anfang, ohne erholsame Piano-Stelle," so schreibt der Verleger Henry Goverts in einem Brief an Koeppen nach Erhalt der letzten hundert Manuskriptseiten, „und zu diesem Gewirr eine nicht notwendige, ungewöhnliche Interpunktion, Klammersätze und Zeitungs-Schlagzeilen verwirren. Nach 30 Seiten wird der Leser, erschöpft und leicht verwirrt durch die vielen Menschen und die verschiedenartigen Assoziationen, das Buch weglegen, diese Romandichtung, die das bedeutendste und ehrlichste deutsche Buch unserer Nachkriegszeit ist." (Zit. nach: Treichel, 2006, S. 242) Sicherlich ist gegen diese kritischen Worte des Verlegers Goverts, der allerdings im weiteren Verlauf des Briefs mit Lob nicht spart, wenig einzuwenden. Tatsächlich hebt jedoch der Titel des Romans, der Vergleich der Menschen im Nachkriegsdeutschland mit „Tauben im Gras", auf eine Gesellschaftssituation ab, die in der formalen Gestaltung des Romans eine Entsprechung findet. Das von Gertrude Stein entlehnte Bild der Menschen als Tauben im Gras thematisiert die Vereinzelung und Ahnungslosigkeit der Menschen, die Zufälligkeit und Ziellosigkeit ihrer Existenz. Um diesen Zustand der Gesellschaft darzustellen, entwickelt Koeppen ein Arsenal von mehr als dreißig Figuren, die in einem eng umgrenzten Zeitrahmen von etwa achtzehn Stunden sich begegnen oder auch nicht, meist aber wenig voneinander verstehen, die unterschiedliche Ziele verfolgen, die sie allerdings meist verfehlen. Vergegenwärtigt werden diese kurzen Lebensausschnitte in 105 mehr oder weniger langen, mal mitten im Satz abbrechenden, mal elegant ineinander übergehenden Abschnitten oder Textsequenzen.

Beziehung zwischen Romantitel und Erzählweise

Figurenarsenal, Zeitrahmen, Aufbau

Die Schauplätze, an denen die Figuren allenfalls in flüchtigen Kontakt treten, ohne sich näher zu kommen, meist jedoch aneinander vorbeigehen, sich meiden oder gar nicht erst wahrnehmen, sind, von wenigen Ausnahmen abgesehen, öffentliche Orte oder Verkehrsmittel. Das für seine erlesene Ausstattung und berühmte Gastronomie bekannte Hotel Edwins mit Halle, Bar, Küche und Innenhof ist beispielsweise ein solcher Fokus, wo die Figuren eher voreinander zurückschrecken und flüchten, als aufeinander zugehen. Zu nennen sind weiterhin Philipps Hotel Zum Lamm, das Wirtshaus zur Glocke, die Heiliggeistwirtschaft, ein Weinausschank, drei benachbarte Stehkneipen, in denen, ohne einander zu begegnen, gleichzeitig Dr. Behude, Emilia und Richard Kirsch verkehren. Antiquitätenläden wie der des Herrn Unverlacht oder der Frau Voss, in dem Emilia und Edwin sich gegenseitig beobachten, aber nicht in Kontakt treten, der Juwelierladen, der Schreibmaschinenladen, der Lebensmittelladen sind Orte des Missverstehens. Abgeschirmt von der Außenwelt sind Carla in der Straßenbahn, die amerikanischen Lehrerinnen in ihrem Reisebus, Richard Kirsch im Flughafenbus, die amerikanischen Besatzungssoldaten in ihren Straßenkreuzern sowie Edwin im Cadillac des amerikanischen Konsuls. In der Schulteschen Klinik findet ebenso wenig ein offenes Gespräch statt wie in der Praxis Dr. Frahms, ganz zu schweigen von der psychiatrischen Praxis Dr. Behudes, in der Philipp, sich den Anweisungen seines Therapeuten entziehend, träumend auf der Couch liegt. Die öffentlichen Vergnügungsstätten wie das Kino, die Engellichtspiele, und das Stadion sorgen zwar für Emotionen, das Baseballspiel für kollektive Wut und allgemeinen Jubel, doch münden diese Gefühle in Aggression und Brutalität. Schließlich überqueren etwa gleichzeitig Odysseus, Josef und Emilia, die als Fußgänger unterwegs sind, Washington Price in seiner Limousine, die amerikanischen Lehrerinnen in ihrem Reisebus, Mr. Edwin im Cadillac des Konsuls und Dr. Behude auf dem Fahrrad eine Ampelkreuzung, ohne es bemerken zu können.

Öffentliche Orte als Schauplätze

Hotels, Wirtshäuser und Kneipen als Fokus

Läden und Verkehrsmittel

Kliniken und Arztpraxen als Handlungsorte

Vergnügungsstätten und Straßenkreuzungen

Dass dabei Edwins Cadillac das Fahrrad Dr. Behudes streift, der sich nur mit Mühe wieder fangen kann, ist eine ins Groteske gesteigerte Form der Kommunikation.

Wenig private Räumlichkeiten

Lediglich acht Erzählsequenzen geben Geschehnisse in privaten Räumlichkeiten wieder: Emilias Anfälle von Verzweiflung und Wut finden in ihrer Wohnung in der Fuchsstraße statt, Alexanders Morgentoilette in seinem Schlaf- und Badezimmer, Frau Behrends Frühstück in ihrer Mansarde. Carlas Zimmer in der Wohnung der Frau Welz, wo Washington sie besucht, ist fast schon ein öffentlicher Ort, da in allen anderen Zimmern junge Prostituierte auf Kundschaft warten.

Zentrale Treffpunkte am Abend

Immer wieder deutet sich an, dass die Bewegungen der Figuren, wie von einer geheimen Choreografie gelenkt, auf drei zentrale Schauplätze zusteuern. Die kulturell interessierten Personen wie Philipp, Kay sowie alle anderen amerikanischen Lehrerinnen, der Filmschauspieler

Vorlesungssaal des Amerikahauses und Bräuhaus

Alexander und seine Frau Messalina mit ihrem gesellschaftlichen Anhang, Dr. Behude und Schnakenbach finden sich im Vorlesungssaal des Amerikahauses zu Mr. Edwins Vortrag ein. Wer mehr an Bierseligkeit interessiert ist wie Richard Kirsch, begleitet von einem kurz zuvor kennengelernten Fräulein, Frau Behrend, die Richard dort zu treffen hofft, der amerikanische Tourist Christopher Gallagher und zeitweilig auch die Jungens Heinz und Ezra, sucht das Bräuhaus auf. Der dritte, dem

„Club der Negersoldaten"

Bräuhaus gegenüber gelegene Treffpunkt ist der „Club der Negersoldaten", den die Afroamerikaner Odysseus und Washington mit den Partnerinnen Susanne und Carla besuchen und wo die Kapelle des Herrn Behrend in Anwesenheit seiner Freundin Vlasta sich um Jazzrhythmen bemüht. Während jedoch im Vortragssaal die Kommunikation durch das Versagen der Verstärkeranlage grotesk gestört ist und die Zuhörer in Schlaf versinken, versinken im Gegensatz dazu die Menschen im Bräuhaus bei gemeinsamem Bier- und Schnapskonsum in einer aufgeheizten Atmosphäre der Verbrüderung. Le-

Orte echter Begegnungen

diglich der „Club der Negersoldaten" entwickelt sich zu einem Ort der gegenseitigen Verständigung, kommen sich Carla, ihr Vater Herr Behrend und Vlasta näher, kann Herr Behrend den Afroamerikaner Washington als Partner seiner Tochter annehmen. Eine Kriegsruine ist schließlich der Raum, in dem Odysseus und Susanne zu einer harmonischen, der Zeit enthobenen Liebesbegegnung zusammenfinden.

Um die ungewöhnlich große Zahl der Personen und Schauplätze, eingespannt überdies in einen engen zeitlichen Rahmen, in einen Handlungszusammenhang zu bringen, arbeitet Koeppen mit kurzen Erzählsequenzen, die im Durchschnitt nicht mehr als zwei Seiten umfassen und in deren Zentrum eine Person oder ein Personenkreis steht. Ein wichtiges Strukturelement sind dabei die Übergänge von einer Erzählsequenz zur nächsten. Durch thematische Kontrastierungen, scheinbare Entsprechungen der letzten Zeilen eines Abschnitts mit dem Beginn der folgenden Sequenz, oft nur durch Wortspiele und Pointierungen erreicht, ist dem Text eine neue Ebene der Kommentierung, der Verweise und der Gesellschaftskritik eingezogen. So wird die problematische Gefühlswelt zwischen Philipp und Emilia in Ergänzung der Erzählerberichte und der Figurenreden an mehreren Stellen durch die Verfugungen der Erzählsequenzen mit neuen Akzenten versehen. Wenn Emilia am Ende eines Abschnitts ihrem Mann Philipp die Botschaft hinterlässt: „Ich liebe dich doch, Philipp. Bleib bei mir", so beginnt der nächste Abschnitt mit der Feststellung: „Er liebte sie nicht. Warum sollte er sie lieben?" (S. 37) Erst einige Zeilen später erfährt der Leser, dass damit nicht Philipp, sondern der Amerikaner Richard gemeint ist, der seine deutsche Verwandtschaft nicht liebt. Dennoch, und darin besteht die erzählerische Strategie solcher Übergänge, wird die einmal vom Leser vorgenommene Sinnkonstruktion nicht völlig gelöscht. Ähnlich verfährt der Erzähler an späterer Stelle, an der Emilia sich ausmalt: „Philipp würde bis dahin sein Buch geschrieben, und die Welt würde sich geändert haben." Der folgende Abschnitt beginnt jedoch mit dem Satz: „Philipp hatte sie schon vorher gefürchtet, und seine

Strukturierung durch kurze Erzählsequenzen

Übergänge als Ebenen der Kommentierung

Spiel mit den Sinnkonstruktionen des Lesers

Furcht hatte die Mißverständnisse vielleicht herbeige-
lockt" (S. 97). Auch hier wird erst bei weiterem Lesen
deutlich, dass sich das „sie" nicht auf Emilia, sondern
auf eine Verwechslung mit Edwin bezieht. Dennoch fügt
sich diese Bemerkung in den Kontext der mit Philipps
Beziehung zu Emilia verbundenen Furcht- und Flucht-
motivik ein.

Komplexer werden die Übergänge schließlich, als Edwin
und Kay in eine Beziehung zu Philipp und Emilia treten.
Zeitgleich mit Emilias Zusammentreffen mit Edwin im
Antiquitätenladen der Frau Voss liegt Philipp auf Dr. Behudes Couch, träumt sich in seine Kindheit zurück und

entwickelt Fantasien über Emilias Leben. Edwin nimmt
sich nach Verlassen des Antiquitätenladens vor, über die
Begegnung mit Emilia, über die Tasse mit dem Bildnis
Friedrichs des Großen, eine der Wahrheit entsprechende Notiz in sein Tagebuch einzufügen. Die Edwins Zusammentreffen mit Emilia gewidmete Sequenz endet
mit dem Satz: „Das Licht der Wahrheit wird in jedem
Fall Edwin, Emilia und Friedrich den Großen verklären."
Der nächste Abschnitt beginnt: „Keine Verklärung, keine Aufklärung, kein Licht der Wahrheit. Wo lag Philipp?
Im verdunkelten Zimmer." (S. 150) In umgekehrter Rei-

henfolge, in der Art eines Chiasmus angeordnet, werden
die einzelnen Satzteile in der neu beginnenden Erzählsequenz aufgegriffen und in ihr Gegenteil verkehrt: „verklären" – „Keine Verklärung", „Friedrich den Großen" –
„keine Aufklärung", – „Das Licht der Wahrheit" – „kein
Licht der Wahrheit", wobei mit der Bemerkung „Keine
Aufklärung" ein Kontrast zu dem auf Emilias Tasse abge-
bildeten preußischen König Friedrich II. hergestellt
wird, der dem Geist der Aufklärung verpflichtet war. So
ist durch den Übergang von einer Sequenz zur anderen,
syntaktisch wie semantisch pointiert, die situative Distanz zwischen Edwin und Philipp hervorgehoben. Wäh-

rend Edwin sich anmaßen darf, über das Licht der Wahrheit und die Kraft der Verklärung zu verfügen, liegt
Philipp im „verdunkelten" Zimmer und muss es Edwin
überlassen, Emilia mit einer Notiz in seinem Tagebuch

zu verklären. Ihre letzte Erzählsequenz, in der sich Emilia nach Messalinas Party zu Hause betrinkt und sich tobend gegen ihr Schicksal wehrt, endet mit der Bemerkung: „Sie mußte gegen die verschlossenen Türen schreien, gegen die Türen, hinter denen nur Berechnung und Kälte wohnten." Anschließend wird Philipps und Kays Eintreffen im Hotel Zum Lamm mit dem Satz eingeleitet: „Er schloss die Tür des Zimmers, und er sah, dass sie fror." (S. 226) Während Emilia gegen die „verschlossenen Türen" der Mitbewohner schreit, schließt Philipp die „Tür" des Hotelzimmers hinter sich, während Emilia nur „Berechnung und Kälte" hinter den Türen vermutet, nimmt Philipp wahr, dass Kay „fror". Die Kälte im physischen wie im psychischen Sinne ist es, woran offensichtlich die Personen leiden, fühlt doch auch Philipp wenig später „sein Herz erkalten" (ebd.). Emilia wie Philipp sind nicht zuletzt Opfer der auch in einem übertragenen Sinn verschlossenen Türen.

Verschlossene Türen und Kälte

Häufig benutzt der Erzähler den Wechsel der Erzählsequenzen dazu, unterschiedliche gesellschaftliche Einstellungen oder Institutionen aufeinanderprallen zu lassen und Wertsysteme gegeneinander auszuspielen. „Richard Kirsch war bereit, für Amerika zu kämpfen", so endet ein Abschnitt, während der folgende mit der Feststellung beginnt: „Schnakenbach wollte nicht kämpfen." (S. 123) „Ich will dich hier nicht mit dem Negerkind", denkt Carla und die folgende Sequenz wird mit Washingtons Antwort eröffnet: „Er wollte das Kind. Er sah das Kind seiner Liebe in Gefahr." (S. 116 f.) Washingtons Nachdenken über seine Zukunft mit Carla endet mit der Erkenntnis, dass er sich um Geld bemühen müsse: „Er mußte telefonieren. Er brauchte Geld. Gleich –". Unvermittelt beginnt der nächste Abschnitt ebenfalls mit einer erlebten Rede: „Gleich aus der Linie sechs in die elf. Sie würde Dr. Frahm noch treffen." (S. 47) Mit derselben Partikel „gleich" enden und beginnen zwei entgegengesetzte Vorhaben: Während Washington sich eilig um Geld bemühen will, um Carla zu beschenken und mit ihr und dem Kind zusammenleben zu können, be-

Kontrastierung von Wertsystemen

Konfrontation von Verhaltensweisen

eilt sich Carla beim Wechsel der Straßenbahnen, um ihr Kind abtreiben zu lassen.

Pointierung religiöser Gegensätze

Schließlich wird auch der übertriebene Glaubenseifer, das strenge Urteil der Kinderfrau Emmi, vom Erzähler ohnehin schon mit genügend Ironie gewürdigt, in einzelnen Übergängen der Sequenzen noch einmal pointiert. So berichtet der Erzähler über Carlas Religiosität: „Carla war nicht zu Gott geführt worden. Man hatte sie bei der Kommunion nur bis zu seinem Tisch gebracht." Vor der Folie dieser ironischen Bemerkung ist die den nächsten Abschnitt eröffnende Feststellung: „Sie wollte sie zu Gott führen. Emmi, die Kinderfrau, wollte das ihr anvertraute Kind zu Gott führen" (S. 118), nicht mehr ernst zu nehmen. Beim nächsten Sequenzwechsel wird Emmis rigide Vorstellung von der moralischen Verworfenheit des Schauspielerstands mit den Werten der Nachkriegsgesellschaft konfrontiert. So hält Emmi das Kind Alexanders und Messalinas schon aufgrund seiner Herkunft für schuldig und mit Sünde beladen. „Schauspielerkind, Komödiantenkind, Filmkind" denkt sie verächtlich. „Prächtig! Großartig! Hervorragend!" (S. 119) ruft im nächsten Abschnitt der Produktionschef gleich zweimal aus, als er das Ergebnis von Alexanders Drehtag gesichtet hat. Mit der Kirche und dem wieder dominierenden Showbusiness, der Unterhaltungsbranche, werden hier zwei Segmente der Nachkriegsgesellschaft gegeneinander ausgespielt, was der Erzähler schließlich einige Seiten später nicht weniger virtuos wiederholt. Als sich Carla und ihre Mutter, Frau Behrend, auf dem Domplatz trennen, erklingen Orgeltöne aus dem Dom: „Aus der Kirche, aus ihren noch nicht wieder eingesetzten Fenstern grollte unter den Händen des übenden Organisten die Orgel, erhob sich das Stabat-mater." Damit konfrontiert wird im folgenden Abschnitt die Atmosphäre während des Baseballspiels im Stadion: „Stormyweather: die Musik der Kinoorgel wehte, wogte, bebte und rasselte. Sie wehte, wogte, bebte und rasselte aus allen Lautsprechern." (S. 127 f.) Hier das „Stabat-mater", ein ins 13. Jahrhundert datierbares Mariengedicht, von

Sündiges Schauspielerkind – grandioser Alexander

Kirche und Showbusiness

Domorgel und Kinoorgel im Stadion

zahlreichen Komponisten wie Palestrina, Pergolesi, Haydn und Dvořák vertont, dort, mit einer Alliteration verknüpft, „Stormy-weather", die Musik zu dem 1943 entstandenen, gleichnamigen amerikanischen Film, hier die Orgel, dort die elektronische Kinoorgel, kürzer und prägnanter können die Gegensätze zwischen Kirche und Sportarena nicht formuliert werden. So gelingt es Koeppen, die Vielzahl kurzer Erzählsequenzen durch manchmal spielerische oder auch provozierende, auf jeden Fall den Blick des aufmerksamen Lesers schärfende Übergänge miteinander zu vernetzen.

Gegensätze zwischen Kirche und Sportarena

Immer wieder eingestreute Anspielungen und Verweise ermöglichen es dem Leser, die chronologische Abfolge der einzelnen Erzählsequenzen innerhalb der Zeitspanne eines Tages nachzuvollziehen. Am genauesten lässt sich jedoch der Tag selbst bestimmen: Die in den Text eingeschobene Zeitungsmeldung „ANDRÉ GIDE GESTERN VERSCHIEDEN" (S. 98) legt es nahe, das Romangeschehen auf den 20. Februar 1951, auf den Tag nach André Gides Tod zu datieren. Früh morgens, sicherlich noch vor sechs Uhr, beginnt die Handlung mit dem Eintreffen der „druckfrischen Ware" (vgl. S. 9) bei den Zeitungshändlern. Wenig später, etwa gegen sieben Uhr, kämpft Alexander „mit der Morgendämmerung" (S. 11), und besuchen Emmi und Hillegonda die „Frühmesse" (S. 13). Die anschließenden, zum Teil simultan ablaufenden, den Eindruck eines zeitlichen und räumlichen Querschnitts durch die Gesellschaft vermittelnden Geschehnisses, sind zwar nicht punktgenau einzuordnen, aber doch mit Zeitverweisen versehen. Die arbeitslosen Jugendlichen gehen „schon am Morgen" (S. 22) ins Kino, als Philipp Dr. Behude anzurufen versucht, ist er „noch nicht in seine Praxis zurückgekehrt" (S. 27 f.), als Odysseus auf dem Bahnhofvorplatz ankommt, bemerkt der Erzähler: „Ein Tag lag vor ihm. Der Tag bot sich allen." (S. 28), Emilias Papagei „jammert nach Licht" (vgl. S. 30), da die Jalousien noch nicht hochgezogen sind. Eine genaue Zeitangabe erhält der Leser schließlich während Washingtons Telefonat mit seinen Eltern in Baton Rouge, Louisiana.

Chronologische Abfolge der Sequenzen

Datierung des Geschehens

Eingefügte Zeitverweise

Simultane Handlungsabschnitte

Sie sind aus dem Schlaf geschreckt und ahnen nichts Gutes, denn „in Baton Rouge war es vier Uhr früh" (S. 61), so kommentiert der Erzähler deren furchtsame Reaktion. In München muss es dementsprechend elf Uhr sein, was rückblickend der zuvor von Messalinas Friseur angestellten Überlegung: „ob er noch eine Weißwurst?" (S. 60) insofern eine humoristische Tönung verleiht, als man in München einem Aberglauben zufolge nach elf Uhr keine Weißwürste mehr isst.

Auf die Mittagszeit verweisen die Bemerkungen, dass Edwin sein Essen im Hotelzimmer nicht anrührt, den Frankenwein als „allzu herb für diese Mittagsstunde" (S. 106) findet und Dr. Frahm von Washington „beim Essen gestört" (S. 117) wird. Diesen Erzählsequenzen, beide um die Mitte des Romans gruppiert, in der auch die misslungene Begegnung Carlas mit ihrer Mutter lokalisiert ist, folgt im Antiquitätenladen der Frau Voss die auf München bezogene Überlegung Edwins: „Wenn man am Nachmittag durch ihre Straßen ging, war die Stadt weder besonders traditionsreich noch abgründig" (S. 148), er würde aber vielleicht „den Nachmittag in dieser Stadt in seinem Tagebuch beschreiben." (S. 148 f.) Der Beginn des Abends ist noch einmal zeitlich deutlich markiert: Über „die Stunde am Abend" (S. 168) philosophiert Philipp, „die Zeit der niederfallenden Dämmerung" (ebd.), der „heure bleue" (ebd.), während in der darauf folgenden Sequenz die Lehrerinnen aus Massachusetts in Zweierreihen „artig den Abend" (S. 170) genießen. Wenige Abschnitte später wird der Tag als „müde" (S. 177) bezeichnet, „das Abendlicht des Himmels, die untergehende Sonne" (ebd.) scheint in die Limousinen von Washington und Carla, Christopher und Ezra. Schließlich beginnt die letzte Erzählsequenz mit der Feststellung: „Mitternacht schlägt es vom Turm. Es endet der Tag." (S. 227) Die sich überstürzenden Ereignisse des späteren Abends sind in ihrer Abfolge nachvollziehbar, wenn auch chronologisch nicht mehr so deutlich markiert. Das dem Roman immer wieder in Anspielungen hinterlegte Zeitraster verleiht jedoch den über hundert Erzählsequenzen eine Struktur, so dass sukzessiv wie simultan sich ereignende Handlungselemente deutlich auszumachen sind.

Erzähler und Erzählformen

Nicht allein mit der Thematik seines Romans *Tauben im Gras* greift Koeppen zurück auf die ästhetischen Errungenschaften der literarischen Moderne, der in die Zeit zwischen 1920 und 1933 datierbaren kulturellen Strömung der Neuen Sachlichkeit. Auch in der formalen Gestaltung knüpft Koeppen an die Idee an, die Erfahrung der Zusammenhanglosigkeit, der Zersplitterung der Welt „durch eine fragmentarische Schreibweise und durch die Entgrenzung der Erzählperspektiven zum Ausdruck zu bringen." (Becker, 2005, S. 98) Auch orientiert er sich an dem „Montage- und assoziativem Simultanstil, an der kaleidoskopartigen Erfassung einer großstädtischen Welt" (ebd.) im Stil von Döblins *Berlin Alexanderplatz*. Doch bereits der Umgang mit Raum und Zeit, die bewusste Setzung von Zeitverweisen, die kunstvolle Verfugung der Erzählsequenzen lassen deutliche Merkmale einer ästhetischen Konstruktion erkennen, die dem literarischen Konzept von Autoren wie Döblin nicht entspricht. Zentrale Aspekte in der Programmatik der Neuen Sachlichkeit sind vielmehr die unkommentierte Dokumentation im Stil eines Berichts oder einer Reportage, der Verzicht auf psychologische Erklärungen und auf das Eingreifen eines Erzählers. Trotz aller Berührungspunkte in der Großstadtthematik, der Multiperspektivität und des Simultanstils unterscheidet sich Koeppens Roman vom Konzept der neuen Moderne doch in einer entscheidenden Hinsicht: in der durchgängigen Präsenz eines dominanten Erzählers.

Bereits in der ersten kurzen Erzählsequenz, und da schon im ersten Satz, gibt sich ein kommentierender Erzähler zu erkennen. Die Flugzeuge über der Stadt bezeichnet er als „unheilkündende Vögel" (S. 9) und maßt

Korrespondenz zwischen Weltsicht und Erzählform

Orientierung am Montage- und Simultanstil

Dennoch ästhetische Konstruktion

Präsenz eines dominanten Erzählers

Kommentierender und deutender Erzähler

sich damit eine weitgehende, auf künftiges Geschehen verweisende Deutungskompetenz an. Weshalb er die Flugzeuge mit „Vögeln" vergleicht, erschließt sich durch die im vorletzten Satz der Sequenz getroffene Aussage: „Die Auguren lächelten." Die Auguren, meist Priester, hatten in Rom die Aufgabe, aus der Beobachtung des Vogelflugs den Willen der Götter zu lesen und die Zukunftsperspektiven künftiger Unternehmungen zu erschließen. Ihr Lächeln ist als das Wissen der Eingeweihten zu deuten. Der Erzähler, so lässt sich folgern, ist offensichtlich einer der Eingeweihten, einer der Auguren, die die Zeichen des Vogelflugs auszulegen verstehen, während alle anderen, darauf verweist die Bemerkung „Niemand blickte zum Himmel auf", den unheilkündenden Zeichen keine Beachtung schenken. Aus seinem speziellen Wissen heraus erkennt der Erzähler, dass die Flugzeuge über der Stadt „Übungen des Todes" verrichten, dass ihre Bombenschächte „noch" leer sind, offenbar jedoch in nicht allzu ferner Zeit wieder gefüllt sein könnten. In diesem Kontext sind auch die Mahnungen des Erzählers einzuordnen, die Zeit sei kostbar, „eine Atempause auf dem Schlachtfeld" (S. 9 f.) oder, noch schärfer formuliert am Ende des Romans „eine karge Spanne, vertan, eine Sekunde zum Atem holen" (S. 228).

Der Erzähler gibt sich hier als auktorialer und durch seine Anspielung auf die Augurenrolle als allwissender Erzähler zu erkennen, der zwar außerhalb der erzählten Welt steht, aber die unterschiedlichsten Perspektiven einnehmen kann. Er hat die Möglichkeit, die Figuren des Romangeschehens lediglich in einer Außensicht darzustellen, ihre Empfindungen zu interpretieren, kann aber auch den Fokus auf innere Vorgänge in den Figuren richten, kann sich aus unterschiedlichen Blickwinkeln, das Romangeschehen überschauend, affirmativ oder kritisch über ihr Verhalten äußern.

Solche aus einer erzählerischen Distanz heraus gesprochenen Kommentare sind auffallend und machen dem Leser die Existenz eines allwissenden Erzählers deutlich bewusst. So signalisiert die auf Dr. Behude bezogene Be-

Der Erzähler als Augur, als Eingeweihter

Erzähler erkennt die Bedrohungen

Auktorialer, allwissender Erzähler

Möglichkeiten des auktorialen Erzählers

merkung: „Er übersah, daß Emilia an der Kreuzung, an der er vorüberradelte, auf das grüne Licht wartete" (S. 46), dass diese Übersicht nur ein außenstehender Erzähler haben kann. In ähnlicher Weise äußert sich der Erzähler über Edwin, der in seinem Hotelzimmer erkennt, dass er einen schlechten Tag hat: „Er ahnte nicht, daß unten in der Halle ein anderer für ihn unfreiwillig stellvertretend die belanglosen mit dem Ruhm des Pressebildes kommenden Lästigkeiten und kleinen Huldigungen empfing und erduldete" (S. 106). Ebenfalls als ahnungslos bezeichnet der Erzähler Messalina, als sie sich aus dem Dirnenmilieu wieder in die gute Gesellschaft der Hotelbar gerettet hat: „Die Ahnungslose! Sie hätte nur Philipp zu fragen brauchen. Philipp hätte beredte Klage darüber geführt, wie puritanisch gesonnen das Proletariat war." (S. 174) In Schutz nimmt der Erzähler in einem kleinen Exkurs den Afroamerikaner Washington vor den Vorurteilen der Mädchen in der Wohnung der Frau Welz (vgl. S. 86), dem Soldat der amerikanischen Luftwaffe Richard Kirsch hält er entgegen, sein Vater sei, weil er sich dem Kriegsdienst entzogen habe, kein Feigling, vielmehr habe ihn der harte Schliff in der deutschen Reichswehr zum Pazifisten gemacht (vgl. S. 123).

Gelegentlich holt der Erzähler im Rahmen des jeweiligen thematischen Kontextes zu einer pointierten Darstellung seiner eigenen Meinung aus, wie anlässlich der Stadtrundfahrt der Lehrerinnen aus Massachusetts, mit denen er die deutschen Pädagoginnen vergleicht: „Erziehung ist in Deutschland eine ernste und graue Angelegenheit, fern jeder Daseinsfreude, ein Pfui dem Mondänen, und es bleibt ewig unvorstellbar, eine Dame auf einem Schulkatheder zu sehen, geschminkt, parfümiert, zu den Ferien in Paris, auf Studienreisen in New York und in Boston, Massachusetts, mein Gott, die Haare sträuben sich, wir sind ein armes Land, und das ist unsere Tugend." (S. 51) Immerhin wird der anfänglich feierliche Ernst dieser stilistisch herausgehobenen Einschätzung durch eingefügte ironische Wendungen relativiert,

Kommentierende Bemerkung aus höherer Sicht

Erteilen von Ratschlägen

Korrektur von Meinungen der Figuren

Pointierte Darstellung der eigenen Meinung

bewahrheitet hat sich die Prophezeiung allerdings nicht.

Fokussierung innerer Vorgänge

Dass sich der Fokus des Erzählers verstärkt auf die innere Befindlichkeit der Romanfiguren richtet, entspricht der Intention des Romans, die Orientierungslosigkeit, die Isolation des Individuums und die sozialen Spannungen in einer deutschen Großstadt zur Nachkriegszeit darzustellen. Zur Wiedergabe solcher innerpsychischen Vorgänge wie Gedanken und Gefühle bedient sich der Erzähler unterschiedlicher Modi der Darstellung, die er meist miteinander kombiniert oder ineinander übergehen lässt. Eine derartige Flexibilisierung der Darstellungsweise lässt sich beispielsweise bei der Wiedergabe von Mr. Edwins Gedanken im Cadillac des amerikanischen Konsuls erkennen, wo sich Edwin von der Sprechweise der Konsulatsmitarbeiter belästigt fühlt:

Flexibilisierung der Darstellungsweise

> Mr. Edwin liebte den Slang der Gewöhnlichkeit, manchmal, wenn er sich der Schönheit gesellte, aber hier bei diesen wohlerzogenen Herren seiner Gesellschaftsklasse ›meine Gesellschaftsklasse? welche Klasse? vorurteilslos
> 5 gegen jedermann, klassenloser Außenseiter, keine Gemeinschaft, keine‹ war der Slang, das wie Gummi gekaute Amerikanisch, peinlich, bedrückend und verstimmend. Edwin rutschte noch tiefer in die Wagenecke. Was brachte er dem Land mit, Goethe, Winckelmann,
> 10 Platen, was brachte er mit? Sie würden empfindlich, vielleicht empfänglich sein, die Geschlagenen, sie würden wach sein, schon geweckt vom Unheil, sie würden voll Ahnung sein, näher am Abgrund, vertrauter mit dem Tod. Kam er mit einer Botschaft, brachte er Trost,
> 15 deutete er das Leid? Er sollte über die Unsterblichkeit sprechen, über die Ewigkeit des Geistes, die unvergängliche Seele des Abendlandes, und jetzt? jetzt zweifelte er. Seine Botschaft war kalt, sein Wissen war erlesen. Erlesen im Doppelsinn, aus Büchern stammend, aber auch
> 20 ausgewählt, ein Extrakt aus dem Geist der Jahrtausende, erlesen, aus allen Zungen erlesen, der heilige Geist, ausgegossen in die Sprachen, erles, kostbar, die Quintessenz, funkelnd, destilliert, süß, bitter, giftig, heilsam, fast schon die Deutung, aber die Deutung der Geschich-
> 25 te nur, schließlich auch diese Deutung fragwürdig, die schöngeformten klugen Strophen, sensible Reaktionen,

und dennoch: er kam mit leeren Händen, ohne Gabe, ohne Trost, keine Hoffnung, Trauer, Müdigkeit, nicht Trägheit, Herzensleere. Sollte er nicht schweigen?

30   (S. 44 f.)

Zunächst beginnt der Abschnitt mit einem Bericht des Erzählers, der Edwins Einstellung zu jenem amerikanischen „Slang der Gewöhnlichkeit" wiedergibt, mit dem sich seine Begleiter im Wagen verständigen. Wenn er auch noch als Erzählbericht kenntlich ist, als eine Wiedergabe innerer Vorgänge, so wird durch eine Formulierung wie „wenn er sich der Schönheit gesellte" (Z. 2) doch bereits eine Annäherung des sprachlichen Duktus an die gepflegte, manierierte Ausdrucksweise Edwins hergestellt. Unvermittelt in die Aussage des Erzählers eingeschoben, durch einfache Anführungszeichen markiert, ist eine wörtliche Wiedergabe von Edwins Gedanken, mit denen er sich von der Bemerkung des Erzählers abgrenzt, die in amerikanischem Slang redenden Begleiter gehörten „seiner Gesellschaftklasse" (Z. 3) an. Durch diesen kurzen inneren Monolog, ohne einleitende Inquit-Formel, d. h. ohne eine Wendung wie „er dachte" oder „er sagte sich", wechselt der Erzähler abrupt die Perspektive, gibt seine Erzähldistanz auf und lässt Edwin in seinem gedanklichen Prozess selbst zu Wort kommen. Edwins Sichtweise wird unmittelbar in ihrer individuellen sprachlichen Prägung wiedergegeben, die Syntax ist verblos, der Gedankengang auf Stichworte reduziert. Nach der Wiederaufnahme des begonnenen Erzählberichts setzt sodann mit der Frage „Was brachte er dem Land mit, Goethe, Winckelmann, Platen, was brachte er mit?" (Z. 9 f.) eine erlebte Rede ein. Weniger unmittelbar als der innere Monolog, aber ebenfalls nicht durch eine Inquit-Formel eingeleitet, zeichnet sich die erlebte Rede durch eine Wiedergabe der Gedanken in der dritten Person des Präteritums aus. Eingesetzt wird die erlebte Rede oft in Situationen des Zweifelns, der Entscheidung. Häufig werden sie, wie es auch hier der Fall ist, durch Fragen eingeleitet und strukturiert. Wenn auch im Modus der erlebten Rede der Erzähler als Vermittler

Innensicht Edwins in Form einer Erzählerberichts

Eingeschobener innerer Monolog

Übergang in erlebte Rede

Merkmale der erlebten Rede

noch gegenwärtig ist, so ist der Sprachduktus doch weitgehend von der Person geprägt. Auffällig ist an Edwins Rede seine emotionale Betroffenheit, sein Versuch, sich die in der deutschen Großstadt vorgefundene Situation durch immer neu formulierte Bilder zu vergegenwärtigen und ihr das entgegenzuhalten, was er aufgrund seines Bildungshintergrunds als Redner zu bieten hätte. Wortspiele, ausgehend von dem Adjektiv „erlesen" (Z. 18–22), schmücken seine Rede, offenbaren den ins Wort verliebten Dichter. Schließlich spitzt sich der Gedankengang ab Z. 27 zu, der Zweifel dominiert, die Syntax reduziert sich auf die Reihung von Begriffen, am Ende steht die Frage: „Sollte er nicht schweigen?"

Unter den längeren inneren Monologen der Figuren entspricht sicherlich die Wiedergabe von Emilias Gedankenstrom am Morgen in der Bibliothek ihres Elternhauses diesem Darstellungsmodus. Unmittelbar beeinflusst ist der Monolog von der Situation, in der sich Emilia befindet: Sie ist verärgert über Philipps Flucht, liegt entkleidet vor dem geöffnetem Bücherschrank mit Philipps Büchern und den ihrer Vorfahren und beginnt sich selbst zu befriedigen. Sie versucht zu vergessen, „was man nun Wirklichkeit nannte" (S. 33), doch die sie beschäftigenden Themen lassen sie nicht los: die schmeichelhaften Versprechungen ihrer Vorfahren, der Verlust ihres Erbes, ihr Versuch, sich der Literatur zuzuwenden und ihre Sexualität:

> Benn Gottfried Frühe Gedichte, La Morgue ist – dunkelesüße – Onanie, les paradis artificiels auf den Holzwegen, Philipp auf den Holzwegen, ratlos im Gestrüpp in den Fußangeln Heideggers, der Geruch nie wieder geschmeckter Bonbons auf dem Ausflug mit den Freundinnen, der Lido von Venedig, die Kinder der Wohlhabenden à la recherche du temps perdu, Schrödinger What is Life? das Wesen der Mutation, das Verhalten der Atome im Organismus, der Organismus kein physikalisches Laboratorium, ein Strom von Ordnung, du entgehst dem Zerfall im anatomischen Chaos, die Seele, ja, die Seele, Deus factus sum, die Upanischaden, Ordnung aus Ordnung, Ordnung aus Unordnung, die Seelenwanderung,

die Vielheitshypothese, komme-als-Tier-wieder, bin-freundlich-zu-den-Tieren, das-Kalb-am-Strick-das-so-schrie-vor-dem-Garmischer-Schlachthof, das Geworfen-sein, Kierkegaard Angst tagebuchschreibender Verführer nicht zu Cordelia ins Bett, Sartre der Ekel ich-ekele-mich-nicht, ich treibe dunkle süße Onanie, das Selbst, die Existenz und die Philosophie der Existenz, Millionä-rin, warmal, es-war-einmal, die Reisen der Großmutter, wirkliche geheime Kommerzienrätin, Onanie dunkele süße […] Millionen, Millionen-nicht-in-Gold, die Abwer-tungshypothek, der Ammontempel, Ramses irgendeiner im Schutt, die Sphinx Cocteau: ich-liebe, wer-liebt-mich?, das Gen der Kern des befruchteten Eis, brauch-mich-nicht-vorzusehen-zwölfmal-regelmäßig, der Mond, kein Arzt, Behude-ist-neugierig, alle-Ärzte-lüstern, mein Schoß, Körper-gehört-mir, kein Leiden, süße-dunkle-Schuftigkeit – (S. 34 f.)

Aus Gottfried Benns frühen Gedichten assoziiert Emilia in diesem Monologausschnitt, ihrer Situation entspre-chend, einen Vers des Gedichts „Synthese", der in ihren Gedanken als Strukturelement mehrmals auftaucht. Er entstammt der zweiten Strophe dieses Gedichts: „Ich bin gehirnlich heimgekehrt / Aus Höhlen, Himmeln, Dreck und Vieh. / Auch was sich noch der Frau gewährt, / Ist dunkle süße Onanie." (Benn, 1982, S. 115) In schneller Folge schließen sich Baudelaires „Künstliche Paradiese", seine Auseinandersetzung mit den Drogen Haschisch und Opium an, die „Holzwege", eine Aufsatzsammlung des Philosophen Martin Heidegger, in deren Dickicht sich Philipp verstrickt hat, Marcel Prousts Roman *Auf der Suche nach der verlorenen Zeit* und Schrödingers Essay „Was ist Leben?", in dem er als Physiker die Genmutati-on im menschlichen Körper beschrieben hat. Ver-schränkt damit sind Erinnerungsfetzen an die Geruchs- und Geschmackseindrücke während eines Ausflugs mit Freundinnen und an einen Aufenthalt am Lido von Ve-nedig. Nach Anspielungen auf Schriften des Hinduis-mus, die Existenzphilosophie, die Seeelenwanderung, nach einem Gedanken an ihre eigenen Tiere, an eine Szene vor dem Schlachthof in Garmisch gerät sie auf ei-nes ihrer zentralen Themen, den Verlust ihrer Erbschaft.

Bruchstückhaf-te literarische Anspielungen

Emotional aufgeladene Erinnerungen

Dann richtet sich der Strom ihrer Gedanken am Ende des Monologs auf ihren eigenen Körper, ihre Sexualität, ihre Fruchtbarkeit, ihr Risiko einer Schwangerschaft, die Neugier Dr. Behudes und die Lüsternheit der Ärzte insgesamt. So kreist der Monolog, beeinflusst durch Emilias unmittelbare Wahrnehmung des geöffneten Bücherschranks, um flüchtige, fragmentarische Erinnerungen an Leseeindrücke, die meist mit Emilias Erfahrungen des Verlusts, der verlorenen Zeit, des Irrwegs, des Rauschs und der Genetik assoziativ verknüpft sind. Schließlich setzen sich die naheliegenden, ihre Weiblichkeit und die unmittelbare Gegenwart betreffenden Gedanken durch. Wenn sie am Ende des Monologs den Begriff „Onanie" gegen „Schuftigkeit" austauscht, so lässt sich dies als eine Anspielung darauf deuten, dass sie sich durch ihre Selbstbefriedigung dem vor ihr geflohenen Philipp nun ihrerseits entzogen zu haben glaubt. „Es gibt da aufgestaute Verbitterung, noch unverarbeitete Enttäuschung und ein beabsichtigtes Experimentieren mit der Form des inneren Monologs", so schreibt Koeppen in einem Brief vom Januar 1957 auf die *Tauben im Gras* bezogen, „und das war ein recht verzweifelter Versuch, eine Entwicklung nachzuholen, deren natürliche Zeit für mich die Jahre von etwa 1933 bis 1936 gewesen wären." (Zit. nach: Häntzschel, 2006, S. 89) Mit dem inneren Monolog der Emilia im Bibliotheksraum ist es Koeppen indessen gelungen, personale Wahrnehmungen, Erinnerungen und Empfindungen in ihrem Fragmentcharakter und ihrer assoziativen Verknüpfung unmittelbar wiederzugeben. Nicht in allen inneren Monologen werden die Bewusstseinsinhalte der Figuren so direkt, ohne eine spürbare Überformung durch den Erzähler präsentiert. Philipps langer innerer Monolog auf der Couch seines Therapeuten Dr. Behude (vgl. S. 150–153) ist demgegenüber deutlicher vom Duktus des Erzählers geprägt, der selbst oft einen assoziativen, reihenden, an Vergleichen und Metaphern nicht sparenden Sprachstil pflegt. Auffallend ist es auch, dass innere Monologe wie der Philipps in einfache Anführungszeichen

Fokussierung auf das Frausein und die Sexualität

Deutung der Onanie als „Schuftigkeit"

Koeppen über den inneren Monolog

Vom Erzählerduktus geprägter innerer Monolog

gesetzt und damit als Gedankenrede markiert sind, was dem Modus des inneren Monologs nicht entspricht. In der Tat ist Koeppens Umgang mit der Darstellung innerer Vorgänge der Figuren ein Versuch, nach der Unterdrückung der literarischen Experimente der Zwanzigerjahre während der Hitler-Diktatur und des Weltkriegs an die Schreibstrategien der literarischen Moderne wieder anzuknüpfen. So entwickelt Koeppen für die Wiedergabe innerer Vorgänge der Figuren Präsentationsmodi, die sich auf der Grenze zwischen Erzählbericht, erlebter Rede und innerem Monolog bewegen. Zu verweisen ist hier auf die Gedanken des Soldaten der Luftwaffe Richard Kirsch während seines Flugs über Deutschland: Die Erzählsequenz (vgl. S. 37–40) beginnt zunächst mit einer erlebten Rede, die dann in einen Erzählerbericht, sogar in einen Erzählerkommentar („Natürlich sah er es nicht wirklich so", S. 38) übergeht, dann wieder zur erlebten Rede wechselt, die aber vom Duktus des Erzählers stark markiert ist, mit der Inquit-Formel „Er dachte" (S. 39) und einfachen Anführungszeichen in die direkte Gedankenrede schwenkt, um schließlich mit dem Satz: „Über Bayern trübte sich das Land ein" (S. 40) in einem distanzierten, topografischen Erzählerbericht zu enden.

Rückgriff auf die literarische Moderne

Wiedergabe der Gedanken Richard Kirschs

Die Grenze zwischen Erzählbericht und erlebter Rede, grundsätzlich nicht immer leicht zu ziehen, ist in Koeppens Roman oft fließend, wie auch der Erzählstil der einzelnen Sequenzen abhängig von der jeweiligen Situation und der im Zentrum stehenden Figuren häufig wechselt. Einerseits bedient sich der Erzähler eines verkürzenden Stils, einer Reihung kurzer Sätze oder auch Satzfetzen in einem Stakkato-Stil, der beim Lesen atemlos macht, wie bei Washingtons Telefonat mit seinen Eltern in Baton Rouge: „Jetzt muß er es sagen: Carla, die weiße Frau, das Kind, er kommt nicht heim, er wird die weiße Frau heiraten, er braucht Geld, Geld um zu heiraten, Geld um das Kind zu retten, das kann er ihnen nicht sagen, Carla droht mit dem Arzt, Washington will Geld vom Ersparten der Alten, er kündigt ihnen die Heirat an,

Wechsel von Erzählbericht und erlebter Rede

Gehetzter Stakkato-Stil

das Kind, was wissen sie?" (S. 62) Andererseits wählt er

Stil der klassischen Moderne

Formulierungen im Stil der klassischen Moderne, beispielsweise bei der Beschreibung von Edwins Vorliebe für Hotels mit alter Tradition: „Er zog die von alters her wohlberufenen Gasthöfe bei weitem den neuerrichteten Palästen, den Behausungsmaschinen einer Corbusier-Architektur vor, den blinkenden Stahlrohren und bloßstellenden Glaswänden, und so geschah es, dass er auf seinen Reisen manchmal unter einer nicht funktionierenden Heizung oder zu kühlem Badewasser zu leiden hatte, Unbequemlichkeiten, die er nicht bemerken wollte, auf die aber seine große, überaus empfindliche Nase mit einem Schnupfen zu reagieren pflegte." (S. 107) Eine

Erzählersprache und Figurensprache

Ansteckung der Erzählersprache durch die Figurensprache ist hier zu beobachten, eine Anpassung des Erzählduktus an die mutmaßliche Ausdrucksweise des Humanisten Edwin. Zwischen diesen beiden Extremen bewegt sich der Stil des Erzählers von Koeppens Roman, in dessen sprachlichem Variantenreichtum sich die Vielfalt der Figuren widerspiegelt.

Komik, Groteske und Ironie

Unterschiedliche Formen der Komik

Trotz aller Zeitkritik, trotz des immer wieder vergegenwärtigten Drohungsszenarios der Nachkriegszeit ist die Darstellungsweise des Romans durchgehend von den unterschiedlichsten Formen des Humors geprägt. Sie reichen von feiner Ironie über Charakterkomik, Verwechslungs- und Situationskomik bis hin zur fast schon überzogenen Groteske. Zusammenhängend verwiesen hat darauf Günter Häntzschel, der „eine der Ursachen für das anhaltende Interesse an *Tauben im Gras* und für den Eindruck, dass es sich dabei immer noch um einen

Phänomen der „Durchheiterung"

frischen, anregenden, komplexen und noch nicht ausgeschöpften Text handelt, in dem Phänomen der ‚Durchheiterung'" (Häntzschel, 2003, S. 116) sieht. Vor allem sind es die Figuren Philipp und Edwin, die beiden Schriftsteller, die aufgrund ihres hohen intellektuellen An-

spruchs bei gleichzeitiger Schüchternheit und Zögerlichkeit immer wieder in skurrile Situationen geraten.
Philipp erlebt eine seiner ersten Demütigungen und
Kränkungen beim Versuch, in einem Schreibmaschinen-
laden Patentkleber zu verkaufen. Er, der verkaufen will, **Philipps Fehl-**
gerät in die Rolle eines Kunden, erprobt ein Diktiergerät **leistung am**
und verstrickt sich in peinlichste Fehlleistungen. Statt **Diktiergerät**
einen belanglosen Text zu sprechen, gibt er persönliche
Gedanken und Fantasien preis, die um sein geplantes
Interview mit Edwin kreisen: „Ich werde verlegen sein,
als Berichterstatter zu Edwin zu kommen. Wahrscheinlich fürchtet er Journalisten. Er wird sich verpflichtet
fühlen, was Allgemeines und Verbindliches zu sagen. Es
wird mich kränken. Ich werde mich genieren. Natürlich
kennt er mich nicht. Andererseits freue ich mich auf Edwin. Ich schätze ihn. Vielleicht wird es eine gute Begegnung. Ich könnte mit Edwin im Park spazieren gehen.
Oder soll ich doch lieber den Kleister – " (S. 58 f.) Philipp
vertraut dem elegant gekleideten Geschäftsmann etwas
an, das seine innerste Gefühlsdynamik betrifft. Zum **Preisgabe**
Sprechen genötigt, kann Philipp seine übermächtigen **persönlicher**
persönlichen Probleme nicht zurückhalten und offen- **Probleme**
bart zum Schluss auch noch das Motiv seines Besuchs.
Dann erst bemerkt er seine Fehlleistung und hält „erschrocken inne. Der Geschäftsmann lächelt verbindlich"
(S. 59).
Hier wie auch in späteren Szenen mit Philipp und Edwin
verbindet sich Charakterkomik mit Situationskomik. So **Philipp im Strudel**
führt beispielsweise bei Philipp ein kleinster Anlass zu **der Verwechs-**
einem „Strudel lächerlicher, nur ihm bestimmter, nur **lungen**
auf seinen Weg wie Fallen gelegter Verwechselungen"
(S. 97). Weil man einer jungen Redaktionselevin, einer
„sich übenden Nachrichtenjägerin" (S. 98) gesagt hat, Edwin, „das zu erlegende preisgekrönte Tier sei ein ernster
Mann" (ebd.), gerät der bekümmert aussehende Philipp
ins Blitzlichtgewitter, ausgerechnet er, der das Unglück
anzuziehen glaubt und sich bereits als Opfer gesehen **Mechanismus der**
hat. Dem einmal in Gang gesetzten Mechanismus der **Verwechslungs-**
Verwechslung kann sich Philipp in der Folge nicht mehr **komik**

entziehen: Wenn er nicht Edwin ist, muss er immerhin sein Sekretär sein und ihm wird aufgetragen, eine Einführung in Edwins „doch allzu schwer zugängliches, allzu dunkles, der Deutung bedürftiges Werk zu geben" (S. 99). Dann soll er wenigstens die junge amerikanische Lehrerin Kay zu Edwin führen, schließlich erhebt ihn ihre ältere Kollegin Miss Burnett selbst zu einem Dichter, was für Philipp der Gipfel der Peinlichkeit ist. Zur Verwechslungs- und Situationskomik kommt insofern noch die Charakterkomik hinzu, als Philipp, beschämt und der Situation ausgeliefert, sich nicht in der Lage sieht, mit Entschiedenheit gegen alle Verwechslungen anzugehen. Ähnliche Formen der Komik weisen Philipps und Edwins Flucht vor Messalina, „der Gewaltigen" (vgl. S. 104) auf. Bereits die Verdopplung des Missgeschicks, Messalina zu begegnen, das sowohl Philipp wie Edwin ereilt, birgt Komik in sich. Messalina, deren frisch onduliertes Haar „wie Himbeergelee" (S. 105) zittert, die sich in unverblümten Anspielungen auf Edwins Homosexualität ergeht und, „das breite, trunkverwüstete Gesicht gegen sein Ohr gepreßt" (ebd.), Philipp mit Fragen bedrängt, ist auch für Edwin ein „Gespenst" (S. 110), das schlimme Erinnerungen auslöst. Edwin wählt denselben Fluchtweg wie unmittelbar vor ihm Philipp, doch entstehen durch Edwins Homophilie noch weitere komische Effekte: Edwin flüchtet in die Wäschekammer, vorbei „an kichernden Mädchen, sie schwangen Bettücher Leintücher Totentücher, Hüllen für die Leiber und Hüllen für die Liebe, für Umarmung, Zeugung und letzte Atemzüge, er eilte durch eine Frauenwelt, durch Randbezirke des Mütterreiches, und, nach anderer Luft dürstend, öffnete er eine Tür und fand sich in der geräumigen und berühmten Küche des Hotels. Fatal! Fatal!" (S. 110) denkt Edwin da, dem schuldbewusst sein verschmähtes Mittagessen einfällt, denn nur zu gern hätte er noch den „hübschen Küchenjungen zugesehen, die sanfte wie Gold glänzende Fische schuppten." (S. 110 f.) Die Komik ist hier durch die Anspielungen auf die „Totentücher" und die „letzten Atemzüge" durchmischt mit Voraus-

Philipp unfähig, sich zu wehren

Komik durch Edwins Homophilie

Anspielungen auf Edwins Untergang

deutungen auf Edwins Untergang, der auch durch seine Verklärung der Strichjungen als „stolz und schön" (S. 224) herbeigeführt wird.

Eine drastische, schon ins Groteske gesteigerte Komik ergibt sich durch das Versagen der Technik bei Edwins mit Spannung erwartetem Vortrag. Hier entsteht die Komik durch die hochgespannte Erwartung der Zuhörer, die erhabene Intention des Redners Edwins und die triviale Störung der Lautsprecheranlage, die eine breitere Vermittlung von Edwins kulturphilosophischen Ideen vereitelt. Mit einem dreimaligen „Edwin wollte" oder „er wollte" (S. 190 f.) gibt der Erzähler einen Überblick über dessen hehre Gedanken, dann wird jedoch mit einem „aber leider" (S. 191) lakonisch angemerkt, dass „statt der Worte nur Geräusch zu seinen Zuhörern" dringe, „ein Gurgeln und Knacken und Raspeln wie von Jahrmarktspritschen." (Ebd.) Ist die ausführliche Beschreibung der unterschiedlichen Zuschauergruppen noch von feiner Ironie geprägt, so nimmt die Komik beim Auftritt des schlafsüchtigen, die Situation nicht durchschauenden Gewerbelehrers Schnakenbach mit seiner ins Mikrofon geschrienen Warnung „Schlaft nicht! Wacht auf! Es ist Zeit!" (S. 192) bereits groteske Züge an.

Mit eher verhaltener, schonungsvoller Ironie hingegen begegnet der Erzähler dem gigantischen Wagenpark, mit dem sich die amerikanischen Besatzungssoldaten und ihre Familien durch die Stadt bewegen. Noch seien die auf dem Parkplatz in langen Reihen abgestellten Wagen „blank und flink, eine stolze Automobilausstellung, ein Triumph des technischen Jahrhunderts, eine Saga von der Herrschaft des Menschen über die Kräfte der Natur, ein Symbol der scheinbaren Überlistung der Trägheit und des Widerstandes im Raume und in der Zeit." (S. 74) Ein solchermaßen überzogenes Lob der Technik birgt bereits Ironiesignale in sich, die der Kontext bestätigt: „Wenn ihnen das Benzin ausginge, würden sie hilflose Kutschen sein, Hütten für Schäfer, wenn man nach dem nächsten Krieg Schafe weiden sollte, Verstecke für Liebespaare, wenn man sich nach dem Tod noch zur Lie-

Komik durch Versagen der Technik

Schnakenbachs grotesker Auftritt

Ironie gegenüber den Besatzern

Übertriebenes Lob der Technik

Klägliche Zukunft der Automobile

be verstecken mochte." (Ebd.) Mit deutlicher Ironie zeichnet der Erzähler auch die Angehörigen der Besatzungssoldaten die „modisch und burschikos" (ebd.) gekleideten Frauen, die „keß geschminkten Backfische" (vgl. ebd.). Während die Besiegten sich bescheiden zu Fuß bewegten, übernähmen sie die Siegerrolle prunkvoll und mit Stolz, so die in Ironie gekleidete Botschaft des Erzählers: „Sie alle gehörten zur Besatzung, sie bevölkerten den Platz, sie riefen, lachten, winkten, sie lenkten die schönen das Lied des Reichtums summenden Automobile geschickt zwischen die schon parkenden Fahrzeuge." (S. 74 f.) Mit dem Stilmittel der Ironie thematisiert Koeppen hier die in der Nachkriegszeit entstandenen Spannungen zwischen den Angehörigen der amerikanischen Siegermacht, einer sich breitmachenden „Nation von Autofahrern" (S. 74). Das von Günter Häntzschel als „Durchheiterung" bezeichnete Stilprinzip, das Spiel mit Worten, die Fülle von ungewöhnlichen Vergleichen und Metaphern verleihen mit ihrem Witz und ihrer Ironie Koeppens Kritik an der Nachkriegsgesellschaft trotz allen Ernstes auch die nötige Leichtigkeit.

Ironisches Lob der autofahrenden Amerikaner

Intertextualität und Mythos

Koeppen nur bedingt Nachfolger Döblins

Zwar lässt sich Wolfgang Koeppen nur teilweise als ein „später, wenn nicht gar als der letzte Vertreter der deutschsprachigen Asphaltliteratur der Moderne, unter anderem oder vor allem in der Nachfolge Alfred Döblins" (Becker, 2005, S. 97) bezeichnen, zu intensiv ist dafür die ästhetische Gestaltungsarbeit des Erzählers, die Überformung der Figurenreden, die Kommentierung und psychologische Deutung des Geschehens. Demgegenüber sei es überzeugender, so argumentiert Sabina Becker, Koeppen als Vermittler zwischen Moderne und Postmoderne einzuordnen: „Exponiert man solche Zusammenhänge, so ergeben sich weitere, bislang nicht gesehene Verbindungen, die durch die seinem Werk ei-

Vermittler zwischen Moderne und Postmoderne

gene Form der Intertextualität eingelöst werden." (Becker, 2006, S. 75) In der Tat weisen Koeppens *Tauben im Gras* wie kaum ein Roman seiner Zeit mehr oder weniger deutliche Anspielungen auf literarische wie philosophische Texte auf, sind dem Text weitere Textfolien hinterlegt, die bei entsprechender Verknüpfung neue Deutungsperspektiven eröffnen können. Diese Strategie, in den eigenen Text Anspielungen auf Prätexte einzufügen, die vom Leser realisiert und nachverfolgt werden können, die dieser aber auch in seinem Leseprozess ignorieren kann, ist eines der Merkmale postmoderner Literatur in den 1980er-Jahren, ausgehend von Umberto Ecos stilbildendem Roman *Der Name der Rose*.

Postmoderne und Intertextualität

In Koeppens *Tauben im Gras* sind es vor allem die Figuren Philipp, Emilia und Mr. Edwin, deren Beziehungsstrukturen durch ein intertextuelles Zusammenspiel mit unterschiedlichen Prätexten um aufschlussreiche Tiefendimensionen bereichert werden. Dieses Verweisspiel beginnt bereits mit Philipps Einführung in den Roman. Abgestoßen von den Alkoholexzessen und der damit verbundenen Aggressivität seiner Frau Emilia, hat sich Philipp ins Hotel Lamm begeben, dort eine schlaflose Nacht verbracht, was der Erzähler mit der Bemerkung kommentiert: „Philipp hatte sich der Verzweiflung hingegeben, einer Sünde." (S. 15) Damit ist ein Bezug zu der Schrift *Die Krankheit zum Tode* des dänischen Philosophen Sören Kierkegaard hergestellt, der in der Verzweiflung eine Sünde sieht, da sie für ihn eine Abkehr vom Glauben bedeutet. Philipps Form der Verzweiflung besteht im Sinne Kierkegaards darin, „daß der Mensch verzweifelt nicht er selbst sein will, oder noch niedriger: verzweifelt nicht ein Selbst sein will, oder am allerniedrigsten: verzweifelt ein anderer als er selbst sein will, sich ein neues Selbst wünscht" (Kierkegaard, 2005, S. 81). Mit dem anschließenden Vergleich desjenigen, der sich ein neues Selbst wünscht, mit einem Mann, der seine Wohnung verlässt, erhält Philipps Verhalten neue Facetten: „Es ergeht ihm dann im Verhältnis zum Selbst, wie es einem Manne ergehen kann, im Verhältnis zu seiner

Tiefendimensionen durch Intertextualität

Bezug zu Kierkegaard

Wohnung [das Komische ist, dass das Selbst freilich zu sich selbst nicht in einem so unverbindlichen Verhältnis steht wie ein Mann zu seiner Wohnung], daß sie ihm zuwider wird, weil sie voller Rauch ist, oder gleichgültig aus irgendeinem Grunde; er verläßt sie dann, aber er zieht nicht aus, er mietet keine neue Wohnung, er betrachtet die alte als seine Wohnung; er wartet darauf, dass der Rauch wieder abzieht. So mit dem Verzweifelten." (Ebd., S. 84) Durch diesen textuellen Bezug zu Kierkegaard erscheint Philipps Flucht aus seiner Wohnung als eine Flucht vor sich selbst, deren notwendiges Scheitern sich aber bereits jetzt, ehe es sich im weiteren Verlauf des Romans andeutet, durch den hinterlegten Prätext abzeichnet.

Das Haus, aus dem Philipp geflohen ist, befindet sich in der Fuchsstraße, in einer Straße, deren Name auffällig oft, insgesamt siebenmal genannt wird (auf S. 16, 27, zweimal auf S. 173, auf S. 181, S. 218, 222). Damit wird der bereits begonnene intertextuelle Diskurs mit Kierkegaard um weitere Aspekte bereichert. In seinem *Tagebuch des Verführers* entwickelt Kierkegaard die Geschichte eines Mannes, der mit außerordentlicher Intelligenz, strategischem Scharfsinn und emotionaler Distanz das siebzehnjährige Mädchen Cordelia zu verführen versteht, sich dann aber abrupt von ihr trennt. Der Herausgeber dieses Tagebuchs stellt in seinem Vorwort die Vermutung an, es werde dem Verführer sicherlich einmal geschehen, dass er sich in seinen klug inszenierten Verführungsszenarien selbst verstricke: „Ich kann mir nichts Qualvolleres denken als einen intriganten Kopf, der den Faden verliert und nun seinen ganzen Scharfsinn gegen sich selbst richtet, indem das Gewissen erwacht und es gilt, sich aus dieser Verwirrung herauszuziehen. Vergebens hat er viele Ausgänge aus seinem Fuchsbau, in dem Augenblick, da seine geängstete Seele schon glaubt, sie sehe das Tageslicht einfallen, zeigt es sich, daß es ein neuer Eingang ist, und so sucht er wie ein aufgescheuchtes Wild, von der Verzweiflung verfolgt, immerfort einen Ausgang und findet immerfort

einen Eingang, durch den er in sich selbst zurückkehrt."
(Kierkegaard, 2007, S. 357 f.) Der Verführer Johannes,
der, von Verzweiflung verfolgt, vergeblich aus seinem
Fuchsbau zu flüchten versucht, ist eine Parallelfigur zu
Philipp, der zwar daran denkt, „aus dem Haus in der
Fuchsstraße auszuziehen" (S. 173), sich aber gleichzeitig
bewusst ist, dass er diesen Sprung nicht schaffen werde.
„‚Ich werde nie wieder frei sein', dachte Philipp, ‚ich
habe mein Leben lang die Freiheit gesucht, aber ich habe
mich verlaufen.'" (S. 214)

Durch den intertextuellen Bezug zu Kierkegaards *Tage-*
buch des Verführers wird indirekt auch Philipp die Rolle
eines Verführers, Emilia die Rolle der jungen Verführten
zugeschrieben. Abgesehen davon, dass für eine solche
Konstellation bereits der erhebliche Altersunterschied
zwischen Philipp und der häufig als kindlich bezeichneten Emilia spricht, deutet darauf auch ein von Philipp
aufgehängtes Bild eines Kentauren, eines Mannes mit
Pferdekörper, „mit einem nackten Weib auf dem Pferderücken, die Nachbildung eines pompejanischen Wand-
gemäldes" (S. 219). Als „ausdruckslos" empfindet Emilia
das Gesicht des Kentauren, als wolle er sie verhöhnen.
An diese Bemerkung schließt Emilia die Überlegung an:
„Hatte nicht auch Philipp sie entführt, nicht gerade auf
einem Pferderücken, aber jung und nackt hatte er sie
aus dem Glauben an den Besitz, aus dem schönen un-
schuldigen Glauben an das ewige Recht des Besitzes gerissen und sie in das Reich der Intellektualität, der
Armut, des Zweifels und der Gewissensnot geführt."
(Ebd.) Hier bestärkt Emilias Diskurs mit einem pompejanischen Wandgemälde die durch den Verweis auf Kierkegaards *Tagebuch des Verführers* nahegelegte Beziehung
zwischen Philipp und ihr als die eines Verführers und
einer Verführten. Noch weitere intertextuelle Bezüge
akzentuieren den Aspekt der Verführung und verknüp-
fen ihn mit dem Motiv des Untergangs. So verbirgt sich
bereits in dem Namen „Emilia" eine Anspielung auf die
Titelfigur in Lessings Trauerspiel *Emilia Galotti*. Emilia
Galotti, wenige Stunden vor der geplanten Hochzeit mit

Emilia als Ver-
führte

Antikes Bild als
Bezugstext

Philipp Emilias
Verführer

Bezüge zu
Lessings *Emilia*
Galotti

Graf Appiani gewaltsam in das Lustschloss des in sie verliebten Prinzen Hettore gebracht, wählt dort, um nicht als Mätresse des Prinzen zu enden, den Tod aus der Hand ihres Vaters. Der Gewalt könne sie trotzen, vertraut sie ihrem Vater an: „Was Gewalt heißt, ist nichts: Verführung ist die wahre Gewalt. – Ich habe Blut, mein Vater; so jugendliches, so warmes Blut, als eine. Auch meine Sinne, sind Sinne. Ich stehe für nichts." (Lessing, 2000, S. 369) Schließlich wird durch Philipps Fantasien auf der Couch von Dr. Behude Shakespeares *Hamlet* als weitere Textfolie herangezogen. Philipp, sich an seine Puppenspiele während der Kindheit erinnernd, überlegt, wie er Emilia kleiden würde, und entscheidet: „Sie ist Ophelia das-arme-Kind-von-ihren-Melodien-hinuntergezogen-in-den-schlammigen-Tod" (S. 150). Ophelia, die Hamlet liebt und sich von ihm geliebt glaubt, fühlt sich durch seinen gespielten Wahnsinn zurückgestoßen, verliert selber den Verstand und versinkt in einem Fluss. Noch in derselben Erzählsequenz ästhetisiert Philipp Ophelias Tod, rezitiert in Gedanken aus Arthur Rimbauds Gedicht „Ophélia" in französischem Original einen Vers, der in einer Übersetzung lautet: „O du, so schön wie Schnee, Ophelia, du bleiche" (Rimbaud, 1960, S. 27). Zwar verbindet er diesen Vers mit einem Liebesgeständnis, doch fügt er hinzu: „aber du trenntest dich besser von mir, du wirst auch allein untergehen" (S. 152). So wird durch ein intertextuelles Bezugssystem Philipps und Emilias Beziehung in einen umfassenderen Kontext gestellt: Philipp erhält durch den Verführer aus Kierkegaards Tagebuch eine Figur aus einem anderen literarischen Sinnsystem an die Seite gestellt. Emilias Lebensschicksal wird in einen Traditionszusammenhang eingeordnet, ihre aggressiven Alkoholexzesse erhalten in Ophelias Wahnsinn eine Entsprechung in der Form eines Deutungsangebots, das der Leser für sich erschließen kann, aber nicht unbedingt annehmen muss.

Durch intertextuelle Bezüge wird schließlich auch die Beziehung der beiden Schriftsteller Philipp und Edwin um weitere Facetten bereichert. Noch unter dem Ein-

Shakespeares
Hamlet
als Prätext

Philipps Spiel
mit der Ophelia-
Gestalt

Emilia in literarischem Traditionszusammenhang

Bezüge zwischen
Philipp und
Edwin

druck seiner Fahrt durch München denkt Edwin in seinem Hotelzimmer über die Zukunft dieser vom Geld beherrschten Stadt nach: Sie könne in Kulturlosigkeit absinken, ein Massenzuchthaus werden, „die Vision des phantastischen Gefängnisses von Piranesi erfüllen, des merkwürdigen Kupferstechers, dessen römische Ruinen Edwin so liebte." (S. 109) Diese „Carceri d'inventione", die „Gefängnisse der Erfindung" des italienischen Architekten Giovanni Battista Piranesi (1720–1778), 1745 entstandene, 1760 in ihren Lichtverhältnissen und Umrissen noch einmal schärfer akzentuierte Stiche, zeigen monumentale, labyrinthische und abgründige Gefängnisse. Vom Anblick dieser Stiche ist bereits der junge Koeppen „in diesem bewundernswerten grausamen Labyrinth verirrt geblieben; gefesselt, geängstigt und unbegreiflich entzückt." (Koeppen V, S. 323) Auch Philipp, so erfährt man von Emilia, scheint einen Sinn für die Stiche Piranesis zu haben: „In einem dunklen Rahmen hing ein Stich des Piranesi, das Gemäuer des alten Aquäduktes in Rom, eine Mahnung an Untergang und Verfall." (S. 219) Piranesis Gefängnisse sind multiperspektivische, sich übereinander türmende, verfallende Steinbögen, mit Brücken und Leitern wahllos verbunden, die wenigen Menschen sind klein und stilisiert. Deuten lässt sich dieses Szenario als „geradezu existenzialistische Ausgeliefertheit einzelner, kaum individualisierter Figuren an eine Welt aus Stein ohne tierisches und pflanzliches Leben und ohne menschliche Gemeinschaft" (Egger, 2003, S. 36). Dieses existenzielle Ausgeliefertsein der Menschen in der Großstadt, ohnehin ein Thema des Romans, beschäftigt in je unterschiedlicher Weise sowohl Philipp wie Edwin, es vereint sie jedoch die Liebe zu den Stichen Piranesis. Die Ausweglosigkeit der labyrinthischen Anlagen steht wiederum in einer Beziehung zu dem in Kierkegaards *Tagebuch des Verführers* geschilderten Fuchsbau, bei dem sich jeder Fluchtweg nur als ein Weg zurück erweist. „Wohl erstrecken Piranesis antike Bauten und Kerker sich ins Unendliche, doch nie führt von hier ein Weg hinaus ins Freie; das

Piranesis „Carceri d'inventione"

Existenzialistische Deutung von Piranesis Gefängnissen

Bezug zur Ausweglosigkeit des Fuchsbaus

Labyrinth führt stets in sich selbst zurück." (Ebd., S. 42) So führt auf einer grotesken Handlungsebene auch die Flucht Edwins wie Philipps vor Messalina über Treppen, durch Türen und Hinterausgänge in eine Wäschekammer, in die Hotelküche und schließlich in den Hof des Hotels, wo sie lediglich sich selbst, dem jeweiligen Alter Ego begegnen.

Georges Gedicht „Porta Nigra"

Eine Schlüsselfunktion in der Beziehung zwischen Philipp und Edwin kommt auch Stefan Georges Gedicht „Porta Nigra" zu, das zum einen eine harsche Kritik an der Kultur der Gegenwart übt, zum andern auch die homosexuelle Prostitution thematisiert. Sprecher des Gedichts ist Manlius, ein Strichjunge aus der Zeit des römischen Triers, der seinem Gewerbe an der Porta Nigra nachgekommen ist und nun, zu Beginn des 20. Jahrhunderts aus seinem Todesschlaf erwacht, ein vernichtendes

Thema: Verfall der Stadt in der Gegenwart

Urteil über den Zustand der Stadt fällt: „Dass ich zu eurer zeit erwachen musste / Der ich die pracht der Treverstadt gekannt / Da sie den ruhm der schwester Roma teilte", so ruft er aus, verherrlicht das alte römische Leben und schmäht das jetzt blutleere Treiben der Menschen und den Verfall der Stadt mit verächtlichen Worten: „Kaum kenn ich diese trümmer an den resten / der kaiserlichen mauern leckt der nebel / entweiht in särgen liegen heilige bilder / Daneben hingewühlt barbarenhöhlen . ."

Thema: Prostitution

Seine Profession, die heute auszusprechen man sich scheue, habe er mit Stolz ausgeübt: „ – ich ging gesalbt / Mit perserdüften um dies nächtige tor / Und gab mich preis den söldnern der Cäsaren" (George, 1958, S. 234). Philipp ist es, der auf dieses Gedicht unmittelbar Bezug nimmt, indem er sich fragt, ob er für die junge amerikanische Lehrerin Kay so etwas sei „wie ein ältlicher Strichjunge, das Gedicht über die Porta Nigra von George: fühle ich den Hochmut des alten Strichjungen?"

Philipps neue Rolle in der Beziehung zu Kay

(S. 222) Führt man den intertextuellen Bezug genauer aus, so käme Kay hier die Rolle eines Söldners der Cäsaren zu, einer Soldatin der Besatzungsmacht, der Sieger. Damit wäre die den Roman durchziehende Nachkriegs- und Okkupationsthematik und die von Philipp empfundene, auch mit dem Begriff „Strichjunge" suggerierte Fremdheit gegenüber Kay um einen neuen Aspekt erweitert. Gleichermaßen einbezogen in das intertextuelle Spiel ist Edwin in zweierlei Hinsicht: Zum einen nimmt auch er erschrocken eine von Zerstörung gezeichnete Stadt wahr, die „Zerschmetterung ihrer Mauern" (S. 108) und die Herrschaft des Geldes, des „gefüllten Beutels" (vgl. S. 109). Zum anderen ist er der Cäsar, die Lichtgestalt, die sich in der nächtlichen Altstadt den „Söldnern", den herumstreunenden Gelegenheitsarbeitern Bene, Kare, Schorschi und Sepp hingibt. So bereichern die vom Romantext ausgehenden intertextuellen Bezüge zu bildlichen wie literarischen Prätexten, die ihrerseits wieder miteinander kommunizieren können, das Romangeschehen um neue Facetten und Deutungsangebote.

Edwin ins intertextuelle Spiel einbezogen

In den Text meist übergangslos montiert sind zahllose, typografisch herausgehobene Informationen, die Schlaglichter auf die politische, wirtschaftliche und kulturelle Situation zu Beginn der Fünfzigerjahre werfen. Kommentarlos eingefügte Zeitungsschlagzeilen, kurze Ausschnitte aus Radiomeldungen halten das schon zu Beginn des Romans entworfene Bedrohungsszenario, das durch die Ost-West-Spannungen entstandene Kriegsrisiko, während des gesamten Romangeschehens gegenwärtig. Dabei nutzt der Erzähler gelegentlich die Ballung montierter Zitate dazu, die wahllose Zusammenstellung der durch die Medien vermittelten Informationen ironisch zu kommentieren: „Das Abendecho rief das Unheil des Tages aus RENTNER WÄHLTE DEN TOD, SOWJETS BEISSEN AUF GRANIT, WIEDER EIN DIPLOMAT VERSCHWUNDEN, DEUTSCHE WEHRVERFASSUNG KOMMT, EXPLOSION LIESS HÖLLE SEHEN. Wie ernst und wie dumm das war!" (S. 169) Amerikanische Songtitel und Verse übernehmen die Funktion, die Welt des schwarzen Odysseus zu repräsentieren, Bruchstücke aus literarischen Texten geben Bewusstseinsprozesse einzelner Figuren wieder. Reklamesprüche, Kinowerbung, die Titel von Groschenheften verweisen auf die Trivialität der

Schlagzeilen erinnern an die Bedrohung

Ironie durch Zusammenstellung der Schlagzeilen

aufblühenden Kulturproduktion, sprachliche Versatzstücke aus der NS-Zeit auf die noch nicht bewältigte Vergangenheit. Diese Technik der Montage, von Alfred Döblin in *Berlin Alexanderplatz* souverän variiert, um die auf das Bewusstsein der Hauptfigur Franz Biberkopf einstürmenden Großstadtimpressionen zu dokumentieren, wird in Koeppens Roman jedoch nur ansatzweise und vordergründig eingesetzt. Eine tiefergehende Verknüpfung der Schlagzeilen und Zitate mit dem sie umgebenden Kontext ist nur in Einzelfällen zu erkennen.

Schließlich werden auch die auffällig häufigen Verweise auf biblische und vor allem mythologische Figuren und Zusammenhänge insofern kritisch gesehen, als sie der gesellschaftskritischen Intention des Romans entgegenwirken. Hinter einem solchen Spiel mit Bildungsreminiszenzen im Stil einer konservativen Moderne verberge sich die Intention, das Romangeschehen aufzuwerten, ihm durch die Verknüpfung mit der literarischen Tradition einen überzeitlichen Aspekt zu verleihen. Durch den Verweis auf antike Mythen, auf Archetypen menschlicher Schicksale würden die individuellen Lebensläufe der Romanfiguren zu kollektiven Schicksalen erweitert. Damit leiste Koeppen einer „Deutung von Geschichte als der Wiederkehr des Immergleichen" Vorschub, Geschichte werde „nicht aus ökonomischen, sozialen, gesellschaftlichen und politischen Entscheidungen und Entwicklungen" (Becker, 2006, S. 74) gedeutet, sondern mythisiert und sogar dämonisiert. Dieser Kritik an Koeppens Roman kann man dann zustimmen, wenn man die Intention des Autors auf eine zeitkritische Bestandsaufnahme reduziert und seine Schreibweise vor der Folie der literarischen Konzepte der Neuen Sachlichkeit bewertet. Wenn auch die mythologischen Anspielungen gelegentlich ins Leere laufen und ermüden, so sind sie doch, wie Jürgen Egyptien an der Figur des Odysseus Cotton aufgewiesen hat, in ein intertextuelles Sinnsystem eingebunden.

In diesem Kontext nimmt die Sequenz, in der Josef und Odysseus auf den Domturm steigen und über die zerstör-

Montagetechnik nur vordergründig

Kritik an den mythologischen Verweisen

Mythologie eingebunden in ein Sinnsystem

te Stadt blicken, „über die Ruinen der Kirchen, über die neuerrichteten Dachstühle, über die Wunden der Stadt, die Freiflächen der gesprengten Gebäude" (S. 114), eine Schlüsselrolle ein. Josef hat den Turm noch nie bestiegen, ist verwundert über diesen Einfall, auf den nur ein „Neger" kommen könne. Der Musikkoffer schweigt. Odysseus genießt den Blick über die Stadt, „eine Hauptstadt der weißen Leute" (S. 115), und denkt an seine Vorfahren, die „Black Boys", die aus dem Wald gekommen seien. Da verwandelt sich die Ruinenstadt in seiner Fantasie in einen „dichten Urwald", in einen „gewaltigen Dschungel" (vgl. ebd.), und er denkt: „Was gewesen war, konnte immer wieder kommen" (ebd.). Schließlich streichelt Odysseus „eine gotische Dämonenfratze" (S. 116) und schreibt seinen Namen quer über ihren Leib. Deuten lässt sich diese Turmbesteigung des Odysseus „in einem deutlich inversiven Korrespondenzverhältnis zum Abstieg des homerischen Odysseus ins Totenreich" (Egyptien, 1998, S. 158). In Gesang XI von Homers *Odyssee* steigt Odysseus ins Reich des Totengottes Hades, um die Seele des Sehers Teiresias zu seiner Rückkehr nach Ithaka zu befragen. Die Inversion, die Umkehrung des Abstiegs in den Hades in eine Turmbesteigung, so argumentiert Egyptien, sei in der Literatur des 20. Jahrhunderts, nach einem Autor wie Kafka, insofern nicht ungewöhnlich, als der Hades bereits auf der Erde selbst zu finden sei, insbesondere nach einem Weltkrieg, der eine Trümmer- und Todeslandschaft hinterlassen habe. Wie nun Homers Odysseus in der Unterwelt seine Mutter trifft, die ihm von seiner Frau Penelope erzählt, wie er Gespräche mit den im Kampf um Troja gefallenen Helden führt, sieht Koeppens Odysseus im Dschungel der Stadt seine Ursprünge, sieht er seine „Black Boys" aus dem Wald kommen. Bei Homer flieht Odysseus schließlich vor der „Schreckengestalt des gorgonischen Unholds" (Gesang XI, Vers 635), in Koeppens Roman verewigt sich Odysseus auf dem „Dämonenleib" (S. 116) durch seine Signatur. Vorbereitet wird dieser „Aufstieg" des Odysseus Cotton in die Welt der Ahnen durch den nahezu zeitgleich erfol-

Odysseus' Blick über die zerstörte Stadt

Erinnerung an die Herkunft

Turmbesteigung als Gang in den Hades

Trümmerlandschaft der Stadt: die Unterwelt

Emilias Abstieg in die Unterwelt

genden „Abstieg" Emilias ins Städtische Leihamt und ins Gewölbe des Antiquitätenhändlers Unverlacht. Die vor den Schaltern des Leihamts mit ihrer Habe stehenden Armen werden als zur „Halbwelt des Styx" (S. 92), des Grenzflusses zur Unterwelt, gehörend bezeichnet. Verglichen mit denen, die im „stygischen Bassin" (S. 93) bereits ertrunken sind, gehöre Emilia noch zur „Elite der Schatten" (ebd.). Auch das Gewölbe des Herrn Unverlacht bezeichnet der Erzähler als einen „Eingang zur Unterwelt" (ebd.), der durch den Alabasterschein der Lampen in einen „echten Hadesschimmer" (S. 94) getaucht ist. Deutlich wird hier die das Romangeschehen durchziehende Vernetzung der mythologischen Anspielungen, in die wenig später auch die von Odysseus herangewinkte Prostituierte Susanne einbezogen ist. „Susanne war Kirke und die Sirenen, sie war es in diesem Augenblick, sie war es eben geworden, und vielleicht war sie auch noch Nausikaa." (S. 157) Die Zauberin Kirke, von Homer auch als Göttin bezeichnet, die seine Gefährten in Schweine verwandelt hat, gibt Odysseus für seine Heimreise wichtige Hinweise, verrät ihm, wie er sich der Verlockung des Sirenengesangs widersetzen kann, die alle sterblichen Menschen mit ihrem Gesang bezaubern. Schließlich ist es Nausikaa, die Tochter des Päakenkönigs Alkinoos, die den schiffbrüchigen Odysseus pflegt, mit Kleidern versorgt und an den Palast ihres Vaters bringt. Von da an bleibt Susanne „mit Odysseus verstrickt" (S. 164), verhält sich entsprechend ihrer Rollen als Kirke und Sirene, weiß, dass sie ihm folgen muss, führt ihn schließlich im nahenden Lärm der Polizeisirenen in ihrer Rolle als Nausikaa in einen sicheren „Palast": „,Komm', sagte Susanne. Sie kannte einen Ausweg. Sie nahm Odysseus an die Hand. Sie führte ihn durch einen dunklen Gang, an Mülltonnen vorbei über einen Hof und zu einer niedrigen eingestürzten Mauer. Susanne und Odysseus kletterten über die Mauer. Sie tasteten sich durch eine Ruine und erreichten eine verlassene Gasse." (S. 217) Schließlich liegen sie in einer kleinen Kammer, die „fast wie ein kleiner Ballon über der Tiefe

Hadesschimmer im Antiquariatsgewölbe

Susanne und Odysseus verstrickt

schwebte" (S. 223), wie „auf einem Floß, das in die Unendlichkeit segelte." (Ebd.) Auch das Bild des Floßes lässt sich als ein intertextueller Bezug auf Homers *Odyssee* deuten: Nachdem Zeus durch seinen Boten Hermes des Nymphe Kalypso befohlen hat, Odysseus freizulassen, fällt Odysseus zwanzig Bäume und baut sich innerhalb von vier Tagen ein Floß. „Beide Seiten des Floßes beschirmt' er mit weidenen Flechten / Gegen die rollende Flut, und füllte den Boden mit Ballast." (Gesang V, Vers 256 f.)

Das Floß im intellektuellen Bezug

Bei genauem Hinsehen weisen diese mythologischen Verweise auch versteckte Ironiesignale auf. Bereits bei Susannes erster Begegnung mit Odysseus merkt der Erzähler an: „Niemand im Lokal merkte, daß andere in Susannes Haut steckten, uralte Wesen. Susanne wußte nicht, wer alles sie war, Kirke, die Sirenen und vielleicht Nausikaa" (S. 157). Wenig später nutzt der Erzähler Susannes mythologische Überhöhung bereits zur Begründung ihres Verhaltens: „Aber da Susanne Kirke und die Sirenen und vielleicht noch Nausikaa war, mußte sie Odysseus folgen. Sie mußte ihm gegen alle Vernunft folgen." (S. 164) Hier ironisiert der Erzähler offensichtlich seine intertextuellen Bezüge, nimmt spielerisch das Figurenarsenal aus Homers *Odyssee,* um damit das Verhalten seiner eigenen Figuren als zwingend vorgegeben zu erklären. Schließlich bezieht der Erzähler in das Spiel mit mythologischen Verweisen auch sich selbst als den Allwissenden, den Zeichendeuter ein. So reiht er sich zu Beginn des Romans in die Gruppe der „Auguren" ein, um später anzudeuten, dass auch die Auguren nicht unfehlbar seien: „Ständig belogen und betrogen", würden die Menschen, wie die Geschichte lehrt, „und die Auguren, die sie belügen und betrügen, waren nicht weniger blind als die einfachen Leute." (S. 170)

Ironisches Spiel mit Intertextualität

Spiel mit der Allwissenheit des Erzählers

Literaturhinweise

Textausgaben

Benn, Gottfried: Gedichte in der Fassung der Erstdrucke. Hrsg. von Bruno Hillebrand. Frankfurt am Main: Fischer, 1982.

Eco, Umberto: Nachschrift zum *Namen der Rose*. München: Deutscher Taschenbuch Verlag, 1986.

Eichendorff, Joseph Freiherr von: Neue Gesamtausgabe der Werke und Schriften. Hrsg. von Gerhart Baumann in Verb. mit Siegfried Grosse. Bd. 1: Gedichte, Epen, Dramen. Stuttgart: J. G. Cotta'sche Buchhandlung, 1957.

George, Stefan: Werke. Bd. 1. München/Düsseldorf: Helmut Küpper vormals Georg Bondi, 1958.

Goethe, Johann Wolfgang: Sämtliche Werke nach Epochen seines Schaffens. Hrsg. Von Karl Richter. Bd. 11.1.1. München: Hanser, 1998.

Homer: Ilias/Odyssee. In der Übers. von Johann Heinrich Voß. München: Winkler, 1957.

Kierkegaard, Sören: Die Krankheit zum Tode. Furcht und Zittern. Die Wiederholung. Der Begriff der Angst. München: Deutscher Taschenbuch Verlag, 2005.

– Entweder – Oder. Teil I und II. 9. Aufl. München: Deutscher Taschenbuch Verlag, 2007.

Koeppen, Wolfgang: Gesammelte Werke in sechs Bänden. Hrsg. von Marcel Reich-Ranicki in Zus. mit Dagmar von Briel und Hans-Ulrich Treichel. Frankfurt am Main: Suhrkamp, 1990. [Zit. als: Koeppen I–VI.]

– Werke. Hrsg. von Hans-Ulrich Treichel. Bd. 4: Tauben im Gras. Frankfurt am Main: Suhrkamp, 2006.

Lessing, Gotthold Ephraim: Werke und Briefe. Hrsg. von Wilfried Barner. Bd. 7. Frankfurt am Main: Deutscher Klassiker Verlag, 2000.

Littell, Jonathan: Die Wohlgesinnten. Übers. von Hainer Kober. Berlin: Berlin Verlag, 2008.

Rimbaud, Arthur: Sämtliche Dichtungen. Französisch mit deutscher Übertragung von Walther Küchler. Heidelberg: Lambert Schneider, 1960.

Sartre, Jean-Paul: Ist der Existentialismus ein Humanismus? In: J-P. S.: Drei Essays. Frankfurt am Main / Berlin: Ullstein, 1989. S. 7–51.

Stein, Gertrude: Selected Writings of Gertrude Stein. Ed., with an introduction and notes, by Carl Van Vechten. New York: Random House, 1946.

Sekundärliteratur

Zu Wolfgang Koeppen

Becker, Sabina: Ein verspäteter Modernist? Zum Werk Wolfgang Koeppens im Kontext der literarischen Moderne. In: treibhaus. Jahrbuch für die Literatur der fünfziger Jahre 1 (2005) S. 97–115.

– Wolfgang Koeppen und die deutsche Nachkriegsliteratur. In: treibhaus. Jahrbuch für die Literatur der fünfziger Jahre 2 (2006) S. 62–77.

Egger, Irmgard: Perspektive – Abgrund – Hintergrund: Giovanni Battista Piranesis *Carceri* bei Wolfgang Koeppen. In: Jahrbuch der Internationalen Wolfgang Koeppen-Gesellschaft 2 (2003) S. 29–50.

Egyptien, Jürgen: Ausfahrt statt Heimkehr. Existentialistische Inversion der *Odyssee in Tauben im Gras*. In: Gunnar Müller-Waldeck und Michael Gratz (Hrsg.): Wolfgang Koeppen – Mein Ziel war die Ziellosigkeit. Hamburg: Europäische Verlags-Anstalt, 1998. S. 155–168.

Greiner, Ulrich (Hrsg.): Über Wolfgang Koeppen. Frankfurt am Main: Suhrkamp, 1976.

Häntzschel, Günter: Durchheiterter Ernst. Wolfgang Koeppen, *Tauben im Gras*. In: Jahrbuch der Internationalen Wolfgang Koeppen-Gesellschaft 2 (2003) S. 113–125.

– / Häntzschel, Hiltrud: Wolfgang Koeppen. Frankfurt am Main: Suhrkamp, 2006. (Suhrkamp BasisBiographie Bd. 12.)

Hielscher, Martin: Wolfgang Koeppen. München: C. H. Beck, 1988.

– Zitierte Moderne. Poetische Erfahrung und Reflexion in Wolfgang Koeppens Nachkriegsromanen und in *Jugend*. Heidelberg: Carl Winter, 1988.

Ochs, Tilmann: Kulturkritik im Werk Wolfgang Koeppens. Diss. Köln 2003. Münster: LIT Verlag, 2004.

Oehlenschläger, Eckart (Hrsg.): Wolfgang Koeppen. Frankfurt am Main: Suhrkamp, 1987.

Quack, Josef: Wolfgang Koeppen. Erzähler der Zeit. Würzburg: Königshausen & Neumann, 1997.

Reich-Ranicki, Marcel: Wolfgang Koeppen. Aufsätze und Reden. Frankfurt am Main: Fischer, 1998.

Treichel, Hans-Ulrich (Hrsg.): Wolfgang Koeppen. „Einer der schreibt". Gespräche und Interviews. Frankfurt am Main: Suhrkamp, 1995.

Zur Thematik und Erzählweise

Adorno, Theodor W. / Horkheimer, Max: Dialektik der Aufklärung. Philosophische Fragmente. Frankfurt am Main: Fischer, 1969.

Benz, Wolfgang: Potsdam 1945. Besatzungsherrschaft und Neuaufbau im Vier-Zonen-Deutschland. 4., aktualisierte Neuausg. München: Deutscher Taschenbuch Verlag, 2005.

Bögeholz, Hartwig: Wendepunkte – Die Chronik der Bundesrepublik. Der Weg der Deutschen in Ost und West. Reinbek bei Hamburg: Rowohlt, 1999.

Delacampagne, Christian: Die Geschichte des Rassismus. Düsseldorf/Zürich: Artemis/Winkler, 2005.

Demny, Oliver: Rassismus in den USA. Historie und Analyse einer Rassenkonstruktion. Münster: Unrast, 2001.

Döblin, Alfred: *Ulysses* von Joyce. In: Kleine Schriften. Hrsg. von Anthony W. Riley. Bd. 3. Zürich/Düsseldorf: Walter, 1999. S. 130–134.

Freud, Sigmund (1917): Trauer und Melancholie. In: Studienausgabe. Bd. 3. Frankfurt am Main: Suhrkamp, 1975. S. 193–212.

– (1921): Massenpsychologie und Ich-Analyse. In: Studienausgabe. Bd. 9. Frankfurt am Main: Suhrkamp, 1974. S. 61–134.

Glaser, Hermann: Kulturgeschichte der Bundesrepublik Deutschland. Bd. 2: Zwischen Grundgesetz und Großer Koalition 1949–1967. München/Wien: Hanser, 1986.

Lange-Quassowski, Jutta-Barbara: Neuordnung oder Restauration? Das Demokratiekonzept der amerikanischen Besatzungsmacht und die politische Sozialisation der Westdeutschen. Opladen: Leske und Budrich, 1979.

Luhmann, Niklas: Die Realität der Massenmedien. 3. Aufl. Wiesbaden: VS Verlag für Sozialwissenschaften, 2004.

Martinez, Matias / Scheffel, Michael: Einführung in die Erzähltheorie. 7. Aufl. München: C. H. Beck, 2007.

Müller, Wolfgang G.: Eliot, T[homas] S[tearns]. In: Metzler Lexikon amerikanischer Autoren. Hrsg. Von Bernd Engler und Kurt Müller. Stuttgart/Weimar: Metzler, 2000. S. 212–216.

Nusser, Peter: Romane für die Unterschicht. Groschenhefte und ihre Leser. Stuttgart: Metzler, 1973/74.

Stanzel, Franz K.: Theorie des Erzählens. 7. Aufl. Göttingen: Vandenhoeck & Ruprecht, 2001.

Prüfungsaufgaben und Lösungen

1 Herkunft und Bedeutung des Titels *Tauben im Gras*

2 Vergleich mit einem Gesellschaftsroman des 19. Jahrhunderts

3 Geschehnisse während der NS-Zeit als Thema

4 Die Schriftstellertypen Philipp und Edwin

5 Die Wiedergabe innerer Vorgänge der Figuren

6 Zeitkritik, Witz und Ironie

7 Intertextuelle Bezüge und mythologische Verweise

8 Aktualität des Romans

1 Herkunft und Bedeutung des Titels
Tauben im Gras

Frage:

Wie erklärt sich der Romantitel *Tauben im Gras*? Welche Bedeutungsaspekte werden durch ihn im Verlauf des Romans eröffnet? Wie verhält sich der Titel zur Form des Romans?

Lösungsvorschlag:

- Den Romantitel hat Koeppen als Zitat dem Opernlibretto *Vier Heilige in drei Akten* (*Four Saints in Three Acts*, 1929) der amerikanischen Autorin Gertrude Stein (1874–1946) entnommen. In der Vertonung von Virgin Thomson wurde die Oper 1934 uraufgeführt und lief in New York einen Monat lang mit großem Erfolg. In Steins Originaltext wird dem „pigeons on the grass" noch ein „alas" angefügt, eine Partikel des Bedauerns. In einem surrealen Bedeutungsfeld, von Wortwiederholung und Wortspielen geprägt, stellt Stein den „leider" auf dem Boden im Gras befindlichen Tauben die am Himmel schwebenden Elstern gegenüber, die, wie sie später in einem Vortrag erläutert, mit dem Blick nach oben gerichtet fliegen können. Wie viele Künstler und Literaten seiner Zeit schätzt Koeppen Gertrude Steins sprachliche Experimente, die punktuelle Reduktion des Textsinns auf das sprachliche Material und dessen Klang, die unaufhörliche Wiederholung von Satzteilen mit geringfügigen Veränderungen, das verfremdende, surrealistischen Spiel mit religiösen Motiven und Symbolen wie der Taube als traditionellem Symbol für den Heiligen Geist. Mit der Übernahme des Zitats als Romantitel bekennt sich Koeppen zu einer eher experimentellen literarischen Tradition.
- Bereits in der ersten Erzählsequenz und da schon im ersten Satz wird mit der Feststellung: „Flieger waren über der Stadt, unheilkündende Vögel" (S. 9) das semantische Feld des Fliegens und der Vögel aufgegriffen und mit dramatischer Bedeutung aufgeladen. Die Auguren, die griechischen Priester und Zeichendeuter, erkennen aus dem Vogelflug die latente Kriegsgefahr. Die metaphorische Bezeichnung der Flugzeuge als „Vögel" ermöglicht somit dem Erzähler die Übertragung des erkannten Bedrohungsszenarios in einen antiken Kontext, die Erschließung eines weiteren Bedeutungsfeldes für die im Romantitel genannte Metapher.
- Einen philosophischen Aspekt erhält die Vogelmetaphorik durch den Diskurs der amerikanischen Lehrerinnen ausgerechnet auf dem von Hitler entworfenen „Ehrenhain des Nationalsozialismus" (S. 171). Lakonisch stellt der Erzähler fest: „Im Gras hockten Vögel" (ebd.). Dies nimmt Miss Burnett

zum Anlass, zunächst ihre Reisegruppe, dann auch die Menschen generell mit Vögeln zu vergleichen, deren Wege vom Zufall bestimmt seien. Zufällig befänden sie sich auf diesem Platz, zufällig könne auch Hitler hier gewesen sein, vielleicht sei die Welt „ein grausamer und dummer Zufall Gottes" (ebd.). In einem Wortwechsel mit Miss Wescott, die Miss Burnett ermahnt, sie solle nicht die Vögel anschauen, sondern sich lieber um die Weltgeschichte kümmern, kontert Miss Wescott, dies sei dasselbe, es spiele sich alles unter Spatzen ab. Miss Wescott räumt in ihrem Weltbild Gott zwar noch einen Platz ein, provoziert ihre Kollegin jedoch durch den Vergleich der Menschen mit Vögeln, die vom Zufall gesteuert werden.

- Mr. Edwin bleibt es vorbehalten, das den Romantitel bildende Zitat aus Gertrude Steins Text wörtlich wiederzugeben und sich von dem Vergleich der Menschen mit „Tauben im Gras" zu distanzieren. Edwin sieht darin ein nihilistisches, von Sinnlosigkeit und Zufälligkeit geprägtes Menschenbild, das mit seiner grundsätzlich christlichen Einstellung nicht vereinbar ist. Deutlich wird hier ein Angriff auf die Vertreter der Existenzphilosophie, von denen er Kierkegaard, der die menschliche Existenz noch auf Gott bezogen entwirft, zwar als letzte Bastion der Christenheit gelten lässt, sich gegenüber zeitgenössischen Philosophen wie beispielsweise Sartre, für den der Mensch nichts anderes ist als das, „wozu er sich macht" (Sartre, 1989, S. 11), vehement abgrenzt. In dem so eingeleiteten Diskurs über unterschiedliche Weltdeutungen, der auch spielerische und ironische Elemente aufweist, wird zwar kein abschließendes Wort gesprochen. Doch ist die Position des Autors Koeppen auf eine dogmatisch zwar nicht festgelegte, aber eher von existenzialistischem Denken geprägte Weltsicht bestimmt. Nahe legen dies der Romantitel, die im Roman entwickelte Zeitkritik und die formalen Gestaltungselemente, die an einer progressiven, Experimenten gegenüber aufgeschlossenen literarischen Tradition anknüpfen.

- Der Zufälligkeit des menschlichen Daseins, die beliebige Präsenz der Menschen in Raum und Zeit, wie es Miss Burnett überraschend und provozierend ausspricht, entsprechen auf der Ebene der Romangestaltung die willkürlichen Begegnungen der über dreißig Romanfiguren. Es sind Begegnungen, die stattfinden oder auch nicht, die gesucht oder auch vermieden werden. Der Titel *Tauben im Gras* spiegelt in verbildlichter Form diese Fragmentierung der Gesellschaft in isolierte, ihren jeweiligen Interessen nachgehende Individuen wider. So begegnet Koeppen der Isolation der Menschen im Nachkriegsdeutschland mit einer Auflösung der Romanhandlung in einzelne kurze Erzählsequenzen, die teilweise simultane Geschehnisse an nur wenig voneinander entfernten Orten wiedergeben. Deuten lässt sich die Romanform durchaus als Antwort auf die Befindlichkeit einer Gesellschaft, deren vorrangiges Ziel es ist, wie Tauben im Gras ihre Grundbedürfnisse zu befriedigen.

2 Vergleich mit einem Gesellschaftsroman des 19. Jahrhunderts

Frage:

Unter welchen Aspekten unterscheidet sich Koeppens *Tauben im Gras* von einem gesellschaftskritischen Roman des 19. Jahrhunderts?

Lösungsvorschlag:

- Als Beispiel wird hier der zwischen 1889 und 1895 entstandene Roman *Effi Briest* von Theodor Fontane gewählt. Der Roman spielt in den Kreisen des preußischen Land- wie Beamtenadels zu einer Zeit, in der das überlieferte Normgefüge des Adels, die Grundlage seines privilegierten Standes, sich zunehmend als fragwürdig erweist. Effi Briest, früh verheiratet mit dem erheblich älteren Landrat von Innstetten, ist im zweiten Ehejahr in der Kleinstadt Kessin eine kurze Beziehung mit einem ehemaligen Regimentskameraden Innstettens eingegangen, die sechs Jahre später von Innstetten zufällig entdeckt wird. Innstetten fühlt sich den Konventionen seines Standes entsprechend verpflichtet, seinen Regimentskameraden Major von Crampas zu einem Duell zu fordern, um seine Ehre wiederherzustellen, obwohl er das alte Ordnungs- und Wertgefüge seines Standes selbst infrage stellt. Er erschießt seinen Kameraden, verstößt Effi, verbüßt eine kurze, symbolische Festungshaft, wird anschließend befördert, führt aber ein freudloses Leben. Das Duell, dessen Notwendigkeit nicht mehr selbstverständlich hingenommen wird, ist insofern ein Kulminationspunkt des Romans, als durch seine unnötigen, zerstörerischen Folgen eine kritische Bewertung überlebter, inhumaner Konventionen angeregt wird.
- Auch das Geschehen in Koeppens *Tauben im Gras* findet statt in einer im Umbruch begriffenen, sich neu formierenden Gesellschaft. Rekrutiert sich das Figurenarsenal Fontanes weitgehend aus dem Adel und nehmen bürgerliche Personen, in ihrer Liebenswürdigkeit allerdings sympathisch, lediglich Nebenrollen ein, so ist der Adel hingegen in Koeppens Roman nur noch in den neu produzierten Heimatfilmen gegenwärtig. Eine festgefügte, in Stände gegliederte Gesellschaft gehört der Vergangenheit an. Das Ensemble der Figuren besteht aus zeitbedingt in kleinbürgerliche Verhältnisse geratenen Personen, aus Vertretern oder Vertreterinnen der Halbwelt, Schauspielern und Filmproduzenten. Demgegenüber bilden die Vertreter der Siegermacht eine souveräne, weil über Konsumgüter und Statussymbole verfügende soziale Schicht mit einer eigenen Infrastruktur. Was die beiden Romane vergleichbar macht, ist jedoch die Entwicklung

des jeweiligen Konflikts, von dem die gesellschafts- oder zeitkritischen Impulse ausgehen. Sowohl in Fontanes wie auch in Koeppens Roman resultiert der entscheidende Konflikt nicht aus einer Konfrontation der unterschiedlichen gesellschaftlichen Stände beziehungsweise Schichten, sondern bildet sich in der jeweiligen Schicht selbst durch ein nicht mehr zeitgemäßes Überdauern von sinnentleerten Konventionen oder inhumanen Ideologien.

- In *Tauben im Gras* werden die Vertreter der amerikanischen Siegermacht zwar auch mit Neid betrachtet, den Kult der Luxuslimousinen kommentiert der Erzähler mit Ironie, gleichzeitig aber werden die amerikanischen Besatzungssoldaten auch umworben, da man sich in der Zeit des Darbens und finanziellen Notstands von ihnen Unterstützung erhofft. Gerade in einer Situation der beginnenden wirtschaftlichen Konsolidierung kann aus einer solchen Konstellation kein ernsthafter Konflikt entstehen. Der Konflikt wird vielmehr durch das Nachwirken der nicht bearbeiteten, nicht bewältigten nationalsozialistischen Vergangenheit provoziert. Die Rassenlehre der Nationalsozialisten ist trotz eines verlorenen Krieges, des Zusammenbruchs eines offensichtlich verbrecherischen Regimes und der Konfrontation mit dem Gräuel des Holocausts im Bewusstsein der Menschen noch gegenwärtig. Deutlich zeigt Koeppens Roman, wie die Denkmuster, die zur Vernichtung der Juden geführt haben, in einer krisenhaften Situation auf die Afroamerikaner übertragen werden und eine aufgebrachte, vom Alkohol enthemmte Volkmasse in vermeintlicher Selbstjustiz, in Wirklichkeit aber in einem Pogrom, ahnungslose Passanten umbringt. Kristallisiert sich in Fontanes Roman die Gesellschaftskritik in dem nicht zwingendem Duell und seinen zerstörerischen Folgen, so in Koeppens Roman die Zeitkritik in dem zu Lynchmorden führenden Massenwahn.

- In ihrer formalen Gestaltung könnten die beiden Romane jedoch nicht unterschiedlicher sein. Dem traditionellen Gesellschaftsroman entsprechend, arbeitet Fontane mit wenigen Figuren, mit den beiden Hauptfiguren Effi und Innstetten, mit Major von Crampas und Effis Eltern. Diese Figuren sind jedoch sorgfältig ausgestaltet und werden in ihrer Entwicklung über einen Zeitraum von dreizehn Jahren verfolgt. Die Darstellung ist linear, weniger bedeutsame Ereignisse fasst der Erzähler in kurzen Rückblenden zusammen. Der ruhige Erzählfluss wird durch zahlreiche Gespräche, eingefügte Briefe unterbrochen und durch neue Perspektiven erweitert. Koeppens *Tauben im Gras* entspricht eher dem Typus des Zeitromans, der in einem Panoramablick das zum Teil simultane Verhalten einer Vielzahl von Figuren erfasst. Durch die insgesamt hundertfünf kurzen Erzählsequenzen sind rasche Perspektivwechsel möglich, die Ausgestaltung der Figuren konzentriert sich auf typische, situativ entwickelte Persönlichkeitsmerkmale. Schließlich kann durch die Begrenzung der Geschehnisse auf einen Zeitraum von etwa achtzehn Stunden eine Entwicklung der Figuren nicht dargestellt werden. Sie verbleiben im Hier und Jetzt, lediglich in ihren Erinnerungen erfährt der Leser etwas über ihre Herkunft und ihre Erfahrungen.

3 Geschehnisse während der NS-Zeit als Thema

Frage:

Lässt sich gegen Koeppens Roman kritisch einwenden, er thematisiere nur die Nachkriegszeit, setze sich mit den Geschehnissen während der NS-Zeit aber nicht auseinander?

Lösungsvorschlag:

- Von Koeppen einen zeitkritischen Roman im historischen Kontext der NS-Zeit zu erwarten, würde bedeuten, seine biografischen Erfahrungen und sein Selbstverständnis als Schriftsteller zu ignorieren. Zu Beginn des Hitler-Regimes emigriert Koeppen für vier Jahre nach Holland, versucht im Anschluss an seine Rückkehr nach Deutschland mit dem Schreiben von Filmentwürfen und Drehbüchern zu überleben und dem Kriegsdienst zu entgehen, immer darauf bedacht, dass seine oppositionelle Haltung gegenüber dem Regime nicht auffällt. Mehrmals fasst Koeppen sein damaliges Verhalten in das Bild des Sich-Unterstellens, Sich-Kleinmachens, des Überdauerns in einer Nischenexistenz zusammen. Er bezeichnet diese Zeit als „verlorene, erlittene, sprachlose Jahre" (Koeppen V, S. 234), nach deren Ende er „nicht mehr aktiv sein konnte in irgendeiner Weise" (Treichel, 1995, S. 184). Das zu beschreiben, was ihn in einen hilflosen, nicht ausgelebten Widerstand gegen ein verbrecherisches Regime getrieben hat, ist allenfalls aus einer größeren zeitlichen Distanz heraus zu leisten.
- Auch verfolgt Koeppen andere literarische Intentionen, die zu verwirklichen ihn die restriktive Kulturpolitik der NS-Zeit gehindert hat. Koeppen definiert seine Rolle des Schriftstellers als die eines Zuschauers, eines engagierten Beobachters. Er wollte, so äußert er sich rückblickend über seinen Roman *Tauben im Gras*, „nur einen Tag meiner Zeit einfangen, die Zeit und ihre Menschen beschreiben, wie ich sie sehe und empfinde" (Koeppen V, S. 234). Dazu greift er auf die während der NS-Zeit unterdrückten experimentellen Schreibstrategien der literarischen Moderne zurück, die Öffnung eines panoramatischen Blicks über das Großstadtleben zur Zeit des beginnenden Wirtschaftswunders.
- Zwar stellt Koeppen in seinem Roman tatsächlich das unmittelbare Gegenwartsgeschehen eines Tages, des 20. Februars 1951, in schnell wechseln-

den Erzählabschnitten und Perspektiven dar, dabei spiegeln sich jedoch in vielfältiger Weise immer noch vorhandene Denk- und Verhaltensmuster der NS-Zeit wider oder werden in Rückblenden, knapp und auf das Wesentliche reduziert, typische Lebensschicksale nachgezeichnet. Es bedarf keiner expliziten Wertungen, die Ereignisse, die Erinnerungen, die Gedanken der Figuren sprechen vielmehr für sich selbst.

- Ein sehr deutliches Beispiel für die nachträgliche Verherrlichung der NS-Zeit sind Frau Behrends Träumereien von ihrer gloriosen Vergangenheit. „Die Fahne hoch. Die Beine hoch. Die Arme hoch" (S. 17), so fantasiert sie sich die alten Zustände herbei. Immer noch verblendet, verleugnet sie in ihrer Egozentrik die Verbrechen des NS-Regimes. Ein weiterer Erzähler-Kommentar ist nicht erforderlich, um die Absurdität ihres Denkens hervorzuheben, wenn Frau Behrend schließlich die Täter mit den Opfern verwechselt. „Konnten sie uns nicht in Frieden lassen?" (S. 18), so fragt sie sich und lastet damit die Schuld an der Entstehung des Zweiten Weltkriegs den Siegermächten an.

- Mit den Figuren des Richard Kirsch und seines Vaters Wilhelm sowie Gallaghers Frau Henriette hat sich Koeppen die Möglichkeit eröffnet, Schlaglichter auf die Geschichte des deutschen Militarismus und auf die Verfolgung und Vernichtung der Juden im Dritten Reich zu werfen. Auf seinem Flug über den Rhein erinnert sich Richard Kirsch an die zur Zeit des deutsch-französischen Streits um den Besitz des Rheins 1840 entstandenen patriotischen Gedichte und Lieder, an Max Schneckenburgers Gedicht „Die Wacht am Rhein", das bei Richard Assoziationen weckt wie „Wacht am Rhein, Grab von Ahnen, Grab der Blutsverwandten" (S. 39). Richards Vater, so erfährt man in einer Rückblende, hat sich, abgestoßen von dem „scharfen Schliff" (vgl. S. 123) der Reichswehr, noch rechtzeitig vor Hitlers Machtergreifung in die USA abgesetzt. Am Beispiel von Henriettes Schicksal und dem ihrer Eltern dokumentiert Koeppen, in eindrucksvoller Weise zwischen prägnanter Kürze und großem rhetorischem Gestus wechselnd, den Kontrast zwischen dem pflichtbewussten, moralisch korrekten Denken und Handeln preußischer Juden und der Tragik und Brutalität ihrer Vertreibung und Vernichtung.

- Schließlich wird durch das am Romanende stattfindende Pogrom, die von einer aufgeputschten Volksmenge sinnlos und blind geübte Lynchjustiz, deutlich dokumentiert, dass trotz aller gegen führende Nazis angestrengten Prozesse die deutsche Nachkriegsgesellschaft vor rassistisch motivierten Gräueltaten nicht gefeit ist. Wie in der NS-Zeit, so ist es auch hier in einer deutschen Großstadt 1951 möglich, dass durch die Anonymität in der Masse, durch Bierseligkeit und Verbrüderung, durch das Erklingen des bei Hitlers Auftreten immer gespielten Badenweiler Marsches Aggressionen gegen eine vermeintlich fremde Rasse eskalieren.

- Diese Beispiele lassen sich leicht um weitere Themen wie beispielweise die Glorifizierung kriegerischen Heldentums erweitern. Wenn Koeppen mit *Tauben im Gras* auch kein gesellschaftkritisches Panorama der NS-Zeit entwickelt, so findet doch, dokumentiert an den noch nicht genügend verarbeiteten, die bundesrepublikanische Gegenwart zur Zeit des Romans weiterhin bestimmenden mentalen Mustern, eine kritische Auseinandersetzung mit den Auswüchsen nationalsozialistischer Herrschaft statt.

4 Die Schriftstellertypen Philipp und Edwin

Frage:

Sind Philipp und Edwin eher zwei gegensätzliche oder verwandte Schriftstellertypen?

Lösungsvorschlag:

- Der etwas über vierzig Jahre alte Philipp und sein etwa zwanzig Jahre älterer Schriftstellerkollege Edwin erscheinen zunächst in unterschiedlichen Welten beheimatet zu sein. Während Philipps einziges zur Zeit des Krieges veröffentlichtes Buch von der literarischen Öffentlichkeit gar nicht erst wahrgenommen wurde, Ansätze zu neuer literarischer Produktivität sich nicht abzeichnen, kann Edwin auf ein beeindruckendes, international beachtetes und geschätztes literarisches Werk zurückblicken. Während Philipp, von seiner Umwelt unbeachtet, in ein schäbig eingerichtetes Hotelzimmer geflohen ist, residiert Edwin im antiken Interieur eines vornehmen Hotels als prominenter Gast und kultureller Hoffnungsträger. Während Philipp als „deutscher Schriftsteller" in einer vom Krieg zerstörten, gedemütigten Stadt lebt, verkörpert Edwin die Kultur der Siegermächte, seines Ursprungslandes Amerika und des von ihm als Wohnsitz erwählten Kontinents Europa. Hinter diesen äußerlichen Merkmalen, die gegensätzlicher kaum sein könnten, lassen sich jedoch eine Reihe gemeinsamer Merkmale erkennen, die dem Romangeschehen eine besondere Struktur verleihen.
- Erste Übereinstimmungen deuten sich bereits früh im jeweils geäußerten Selbstwertgefühl der beiden Schriftsteller an. Philipp bezeichnet sich als „unfähig, feige, überflüssig" (S. 57) in einer Gesellschaft, die lange genug mit Entbehrungen gelebt hat und nun nach materiellem Wohlstand und Vergnügungen strebt. Wie überflüssig er sei, wiederholt Philipp mehrmals, steigert diese Einschätzung noch durch die ebenfalls wiederholte Bemerkung, er sei „überflüssig und komisch" (S. 58), habe den draußen vorübergehenden Menschen nichts zu sagen. In ganz ähnlicher Weise äußert sich

Edwin bei seiner Ankunft in der zerstörten Stadt. Auch ihm wird bewusst, dass er keine Botschaft, keinen Trost zu vermitteln habe, dass er mit „leeren Händen" (S. 45) komme, und fragt sich, ob es angesichts dieser Situation nicht besser wäre zu schweigen. Weiterhin ist beiden eine soziale Unsicherheit eigen, eine ausgeprägte Furcht vor Situationen, in denen sicheres, selbstbewusstes Agieren vor einer größeren Öffentlichkeit erforderlich ist. Die „Lästigkeiten und kleinen Huldigungen" (S. 106), die Philipp statt Edwin entgegennehmen muss, so kommentiert der Erzähler, wären Edwin ebenso zuwider gewesen, „wie sie Philipp peinlich quälten" (ebd.), hätte er erlebt, wie Philipp mit ihm verwechselt wird, wäre auch Edwin „das Fragwürdige und Komische der eigenen Existenz" (ebd.) überdeutlich geworden. Philipp wie Edwin schrecken vor einer Frau wie Messalina zurück, ergreifen die Flucht und geraten in ihrer Panik in peinliche Situationen. Dass sie sich zum gleichen Zeitpunkt an abgelegener Stelle des Hotels begegnen, jeder im anderen den Schriftsteller erkennt, dass die Schüchternheit Philipps und die Eitelkeit Edwins einer Bekanntschaft entgegenstehen, spricht für die Seelenverwandtschaft der beiden Literaten.

- Bei allen Ähnlichkeiten in der ungeschickten Bewältigung sozialer Situationen darf jedoch nicht übersehen werden, dass beide Schriftsteller sich in unterschiedlichen literarischen Kontexten bewegen. Mehrmals wird erwähnt, dass Philipp früher im Romanischen Café in Berlin verkehrt hat, einem Treffpunkt der literarischen und künstlerischen Avantgarde. Dort hat er auch mit dem kommunistischen Autor Egon Erwin Kisch zusammengesessen, der ihn zwar mit „Genosse" angeredet hätte, er ihn jedoch mit „Herr Kisch" (S. 152). Dies wie auch sein anschließender Kommentar machen deutlich, dass Philipp zwar Sympathien für den Kommunismus hegte, seine Energie zu einem wirklichen kommunistischen Engagement aber nicht ausreichte. Die von Emilia aufgezählten Titel seiner Bibliothek wie Martin Heideggers *Holzwege,* Kierkegaards *Begriff Angst,* Jean-Paul Sartres *Der Ekel* verweisen auf eine Nähe zum Existenzialismus, sowohl mit christlichem als auch mit nihilistischem Hintergrund, was auch mit Emilias Reflexion über Philipps Nähe und Distanz zur Boheme (vgl. S. 91) entspricht. Edwin hingegen ordnet sich in eine „tätige humane Tradition" ein (vgl. S. 107), sieht sich als geprägt von einem hellenistisch-christlichen Glauben an die Vernunft und als Repräsentant der abendländischen Tradition. Trotz der ideologischen Unterschiede zwischen den beiden Literaten, trotz Edwins scharfer Abgrenzung von Gertrude Stein und Hemingway wertet Philipp Edwins Vortrag als ein Gespräch mit ihm, als ein „Augurengespräch" (S. 213), und sieht voller Verehrung in ihm seinen „großen Bruder" (vgl. S. 220).

- Über die offensichtlichen Ähnlichkeiten der beiden Schriftsteller hinaus hat sie der Erzähler noch mit einem Netz von intertextuellen Verweisen und motivischen Verknüpfungen in eine enge Beziehung gebracht. Beide begeistern sich für die Darstellung labyrinthischer Gefängnisse des Kupferstechers Piranesi, beide haben sich mit dem Philosophen Kierkegaard beschäftigt, Philipps Flucht vor Emilia ist überdies in einen kontextuellen Bezug zu Kierkegaards Schriften eingebunden. Beide fliehen am Ende aus ihrer Schriftstellerrolle in ein erotisches Abenteuer, das bei Philipp mit dem abrupten Aufbruch seiner Partnerin, bei Edwin mit dessen mutmaßlichem Tod endet. Wie Edwin und Philipp sich in ihrem Alter, ihrer literarischen Produktivität und damit auch in ihrem öffentlichen Ansehen sowie in ihren literarischen Präferenzen auch unterscheiden, so verbindet sie doch eine weitgehende Wesensverwandtschaft. Vielleicht wolle Philipp einmal ein preisgekrönter Autor wie Edwin werden, vermutet Emilia, als sie sich daran erinnert, dass an Philipps Wand über dem Schreibtisch früher ein Foto Edwins hing.

5 Die Wiedergabe innerer Vorgänge der Figuren

Frage:

Welche Funktionen übernehmen die auffallend langen und zahlreichen Wiedergaben innerer Vorgänge der Figuren? In welchen Darstellungsweisen werden sie präsentiert?

Lösungsvorschlag:

- In einem auffallend hohen Maß sind die Figuren in Koeppens Roman auf sich selbst, auf die Bewältigung ihrer eigenen Probleme konzentriert. Nach dem Zusammenbruch des NS-Regimes, nach einem verlorenen Weltkrieg formiert sich nun eine Gesellschaft, innerhalb derer der Einzelne sich neu behaupten muss. Überdies ist das Romangeschehen in der Hektik und Anonymität einer Metropole lokalisiert, bisher bestehende soziale Bezüge sind meist zerstört, gesellschaftliches Leben muss sich neu organisieren. Jede Figur verfolgt eigene Interessen, leidet an den Verlusten der Vergangenheit, kämpft um eine gesicherte Existenz in der Nachkriegsgesellschaft. Dem entspricht eine Romanform, in der die Figuren keine substantiellen Dialoge führen, Gespräche auf das Nötigste reduziert sind. Dem autoreflexiven Verhalten der Figuren entspricht vielmehr die Wiedergabe innerpsychischer Vorgänge wie emotionaler Befindlichkeiten, Gedankenketten, Erinnerungen, Fantasien.
- Zur Wiedergabe innerer Vorgänge der Figuren kann sich der Autor unterschiedlichster Darstellungsweisen bedienen, die sich in ihrer grammatikalischen Form und besonders in ihrer jeweiligen sprachlichen Nähe zur

Romanfigur oder zum Erzähler unterscheiden. Bleibt die indirekte Gedankenrede noch stark im Sprachduktus des Erzählers, so kann die direkte Rede sich stärker an der Figurensprache anlehnen und sie wiederzugeben versuchen. Die erlebte Rede, nicht eingeleitet durch eine Inquit-Formel wie „sie dachte", meist in der dritten Person des Präteritums gehalten, bleibt zwar von der Erzählersprache geprägt, kann sich aber auch der Erlebnis- und Ausdruckweise der jeweiligen Figur anpassen. Schließlich ist der innere Monolog und in dessen Extremform der *stream of consciousness,* seit 1900 von Autoren wie Arthur Schnitzler, James Joyce und Alfred Döblin ausgeprägt, die unmittelbarste Form der Darbietung. Dabei spricht die Figur selbst, der Sprachduktus kann bis hin zur völligen Aufgabe grammatischer Strukturen dem Bewusstseinsstrom der Figur angepasst werden. Koeppen, der von sich bekennt, durch die Zeitumstände erst später als von ihm beabsichtigt mit dem inneren Monolog experimentiert zu haben, mischt die unterschiedlichen Darbietungsweisen meist innerhalb einzelner Erzählsequenzen und erreicht dadurch eine Dynamisierung seines Erzählstils.

- Was durch die Anonymität der Großstadt, die Konzentration des Romangeschehens auf einen Tag, den Panoramablick über mehr als dreißig Personen nicht geleistet werden kann, die ausführliche Charakterisierung einer Einzelperson durch ihr Verhalten über eine längere Zeit hinweg, kompensiert Koeppen durch die ausgedehnte Wiedergabe innerer Vorgänge der Figuren. Dabei ist auffallend, dass oft die Wahl der Erzählweise in einer Beziehung zur emotionalen Betroffenheit der Figur steht. Werden komplexere psychologische Zusammenhänge dargestellt, wählt der Erzähler eine seinem eigenen Sprachduktus entsprechende Darbietungsweise. Befindet sich die Figur jedoch in emotionalen Turbulenzen, in Situationen des Zweifels, der Unsicherheit, greift er auf mehr oder weniger ausgeprägte Formen des inneren Monologs zu.

- So werden beispielsweise Philipps Probleme mit der Zeit, seine Erinnerungen an die Kindheit im Kaiserreich, seine Träume von der verwüsteten Heimatstadt über weite Strecken in der Form eines Erzählerberichts wiedergegeben, nur an wenigen Stellen findet man Ansätze einer erlebten Rede (vgl. S. 20 ff.). Ist es hier offensichtlich die Absicht des Erzählers, Philipps psychisches Problem in seiner Struktur zu beschreiben, so kommt Emilias Gedankengang, ausgelöst durch Philipps Flucht und ihre Erregung während der Selbstbefriedigung, der Form des *stream of consciousness* bereits sehr nahe. In einem gemäßigteren, eher im Stakkato-Stil des Erzählers verbleibenden inneren Monolog äußert sich Emilia, als sie Kay begegnet und sich von deren hingebungsvoller Bewunderung für ein Geschmeide des Antiquitätenhändlers Schellack provoziert fühlt (vgl. S. 159). Ungewöhnlich ist allerdings die Ankündigung des inneren Monologs durch die Formel „Sie dachte" mit anschließenden einfachen Anführungszeichen.

- Wenn Carla sich noch einmal vor Augen führt, mit welchen Gewissensnöten ihre Annäherung an den Afroamerikaner Washington verbunden war (vgl. S. 48) oder Dr. Frahm sich entscheiden muss, ob er Carlas Schwangerschaft unterbricht (vgl. S. 64 ff.), so sind dies von den Figuren emotional stark besetzte Entscheidungssituationen, in denen der Erzähler möglichst figurennah im Stil eines inneren Monologs berichtet. Der Schriftsteller Edwin hingegen wird auch in Situationen des grundsätzlichen Zweifelns am Nutzen seiner humanistischen Gelehrsamkeit nur in der Form der erlebten Rede vermittelt, was die Möglichkeit bietet, die Komplexität seines Denkens in einem angemessen gepflegten Sprachduktus wiederzugeben.
- Unter den zentralen Figuren des Romans befindet sich allerdings eine, deren Innenwelt bis auf einen kurzen Augenblick verschlossen bleibt. Odysseus Cotton ist ein fast sprachlos Handelnder, dessen Gedanken nur in einer für ihn allerdings emotional äußerst bedeutsamen Situation offenbart werden. Vom Domturm aus blickt er über die zerstörte Stadt, erkennt, dass auch hier mal ein Dschungel gewesen sein müsse, und gedenkt seiner Vorfahren, der Black Boys (vgl. S. 115). In einer erlebten Rede von zwei Sätzen gibt auch Odysseus Einblick in seine Gefühlswelt.

6 Zeitkritik, Witz und Ironie

Frage:

Entschärfen Witz und Ironie die zeitkritische Aussage des Romans?

Lösungsvorschlag:

- Koeppens zeitkritisches Engagement richtet sich insbesondere auf zwei zentrale Aspekte der deutschen Nachkriegsgesellschaft. Zum einen ist dies die nicht bewusst verarbeitete Rassenideologie der NS-Zeit, die Ausgrenzung gesellschaftlicher Gruppen wie der Juden, in deren Folge der systematische Aufbau von Feindbildern und schließlich die radikale Gewaltanwendung und Vernichtung der als Verbrecher stigmatisierten Personengruppen. Für nicht überwunden hält Koeppen die rassistischen Denkmuster, die in Krisensituationen eine immer noch latent vorhandene Gewaltbereitschaft entfesseln können, wie sich gegen Ende des Romans durch die Lynchjustiz der von Gerüchten aufgebrachten Masse erweist. Zum anderen zielt Koeppens Zeitkritik auf den Bereich der Massenmedien, die, kommerzielle Interessen vertretend, von der aktuellen gesellschaftlichen Situation ablenken und einen fragwürdigen Starkult fördern. Einer solchen Form der Trivialkultur wird am Beispiel von Edwins abendlichem Vortrag über die literarische Tradition Europas und ihre Zukunft ein hochrangiges Kulturereignis gegenübergestellt. Aber auch hier steht der mit der Figur des weltberühmten Dichters Edwin veranstaltete Personenkult in keinem Verhältnis zum Inhalt seiner vermittelten Botschaft, da seine Worte aufgrund der gestörten Übertragungstechnik kaum verständlich sind und der illustre Kreis der Zuhörer dahindämmert.

- Da der Erzähler sich in der Tat unterschiedlichster Formen des Komischen bedient, der Charakter- wie der Situationskomik, der Verwechslungskomik, aber vor allem auch der ironischen wie manchmal auch grotesken Übertreibung und Kontrastierung, ist die Frage berechtigt, ob mit einer solchen Erzählweise nicht eine Entschärfung der Zeitkritik verbunden ist. Dass dem Witz und dem Humor auch etwas Versöhnliches innewohne, dass insbesondere das Lachen ein Gestus sei, mit dem man sich schneller über die Unzulänglichkeit des Menschen hinweghelfen könne, beherrscht als Grundgedanke den Diskurs über das Komische. Zu fragen ist somit, in welchen Situationen der Erzähler Formen des Komischen, des Witzes und der Ironie einsetzt und wo er auf seine Strategie der Durchheiterung des Textes verzichtet.

- Mit Formen der Charakter-, Situations- und Verwechslungskomik arbeitet der Erzähler insbesondere bei der Darstellung der beiden Schriftsteller Philipp und Edwin, deren Schüchternheit und allzu leichte Irritierbarkeit zu einer groß angelegten Choreografie des Flüchtens und Begegnens und zu einer ausufernden Verwechslungskomödie führt. Die dadurch auch erhobene Kritik an dem durch die Massenmedien geförderten Starkult, an den banalen Interessen der interviewenden Journalisten und kulturbeflissenen amerikanischen Pädagoginnen, an der Austauschbarkeit des prominenten Opfers, das an belanglosen Äußerlichkeiten fälschlicherweise erkannt wird, bereichert den Roman um witzige, effektvolle Szenen, ist jedoch nicht unbedingt konstitutiv für seine Zeitkritik.

- Deutlicher wird die Kritik am wieder auflebenden Starkult und dem damit verbunden Ablenkungstheater durch die Figur Alexander. Hier bedient sich der Erzähler der ironischen Überzeichnung und kontrastiert die Aura des heroischen, vom Nimbus des Verführers umgebenen Filmstars mit dem kläglichen Bild des in sich zusammenfallenden, von seiner Rolle angeekelten Privatmannes. Dies ist die Diskrepanz zwischen Schein und Sein, die darzustellen die klassische Domäne der Ironie ist. Lediglich noch „hergestellt" (S. 10) wird der Erzherzog Alexander, „ausgeheldet" ist er als Privatmann, nicht mehr ein „draufgängerisch-treu-sentimental-kühner-Helden-Potenter" (S. 153). Hier greift die Satire härter zu, die Zeitkritik wird zugespitzt und geschärft.

- Auch der gefeierte Literat Edwin gerät, wenn auch von der versagenden Technik verschuldet, in ein Spannungsfeld von höchsten Erwartungen und völlig enttäuschender Realität. Anders als bei Alexander, richtet sich die ironische Attacke des Erzählers jedoch nicht auf Edwin selbst, der am Ende seiner Vortrags eher in Tragik gehüllt erscheint, sondern auf seine Zuhörer. In einer detaillierten, nach Berufsgruppen geordneten Aufzählung, einem Meisterstück ironischer Darstellung, schildert der Erzähler die in den Festsaal strömenden, „an Europas Geist interessierten" Zuhörer (vgl. S. 188), um wenig später mit gleicher ironischer Sorgfalt die Schlafhaltung der Zuhörer zu beschreiben, die am Ende des Vortrags begeistert Beifall klatschen. So bleibt die Form gewahrt, wenn auch der Inhalt nur wenige „Auguren" erreicht hat.

- In einer ebenfalls von Ironie geprägten Erzählweise werden die Ereignisse im Bräuhaus sowie zwischen dem Bräuhaus und dem „Club der Negersoldaten" wiedergegeben. Hier konzentriert sich die Ironie des Erzählers auf die Beschreibung der in Bierseligkeit aufgelösten Masse. Mit Formulierungen wie „Es waren nicht Nazis, die sich da erhoben, es waren Biertrinker" (S. 200) oder „Frau Behrend schwankte ein wenig, aber ihre Gesinnung war vorzüglich" (S. 209) grenzen der Witz und die Ironie fast schon fast ans Groteske. In dem Augenblick jedoch, wo die Eskalation der Gerüchte eine Welle der Gewalt auslöst, beschränkt sich der Erzähler weitgehend auf nüchterne, kommentarlose Wiedergabe des Geschehens.

- Diese Befunde lassen den Schluss zu, dass Witz und Ironie zumindest in Koeppens Roman die zeitkritische Aussage keineswegs entschärfen. Vielmehr werden sie genutzt, die zwischen Ideal und Wirklichkeit erkannte Diskrepanz so zu gestalten, dass der Leser motiviert ist, den vom Autor gewählten ästhetischen Code zu entschlüsseln und sich mit seiner Botschaft auseinanderzusetzen.

7 Intertextuelle Bezüge und mythologische Verweise

Frage:

Sind die intertextuellen Bezüge und mythologischen Verweise nur gelehrte Spielerei?

Lösungsvorschlag:

- Definiert man Intertextualität im postmodernen Sinne als ein sich im Inneren eines Textes vollziehendes textuelles Zusammenspiel, so ist damit der Begriff des „Spiels" bereits eingeführt. Tatsächlich hebt der postmoderne Diskurs das Spielerische im Umgang mit Prätexten, den einem Ausgangstext als Folie hinterlegten Texten, ausdrücklich hervor. Bei der Kommunikation mit Zitaten, ob versteckt oder offen, so Umberto Eco in seiner *Nachschrift zum „Namen der Rose"*, spiele man „bewußt und mit Vergnügen das Spiel der Ironie", das er als „metasprachliches Spiel, Maskerade hoch zwei" (Eco, 1986, S. 79) bezeichnet. Zwar ist Koeppens Roman *Tauben im Gras* mehr als dreißig Jahre vor Umberto Ecos programmatischer „Nachschrift" entstanden, doch ist es bereits seit der Antike üblich gewesen, wenn auch nicht zu einem literarischen Programm erhoben, in den eigenen Text Verweise und Anspielungen auf Texte der literarischen Tradition einzuarbeiten. Dass Koeppen auch in spielerischer Absicht seinen Roman mit intertextuellen Bezügen versieht und diese noch überdies miteinander verknüpft, entspricht seiner von Witz und Ironie geprägten Schreibweise.

- Wären die dem Roman hinterlegten Prätexte „nur" Spielerei, so liefe die intertextuelle Strategie allerdings ins Leere. Durch die textuellen Bezüge eröffnet Koeppen jedoch auf die Biografie einzelner Figuren bezogene neue Deutungsangebote, bietet zusätzliche Facetten und Perspektiven, verstrickt den Leser in ein gedankliches Spiel mit Parallelwelten. Dies beginnt mit dem bereits frühen Verweis auf Philipps „Verzweiflung", aus der heraus er in ein Hotelzimmer geflohen ist, und mit der Bezeichnung der Verzweiflung als „Sünde" (S. 15). Von da an sind Kierkegaards philosophische Schriften als Hintergrundfolie präsent, werden durch die mehrmalige Erwähnung der „Fuchsstraße" als Philipps und Emilias Wohnsitz erneut ins Bewusstsein gerufen. Philipp wird in eine Beziehung gesetzt zu dem Verführer Johannes aus Kierkegaards *Tagebuch des Verführers,* der mit einer äußerst klug durchdachten Strategie die siebzehnjährige Cordelia verführt hat, um sich anschließend von ihr abzuwenden. Emilia, durch diesen intertextuellen Bezug ihrerseits mit der Rolle der Verführten bedacht, wird nun durch weitere Prätexte in eine Nähe zu der ebenfalls verführten Emilia Galotti und der von Hamlet verstoßenen Ophelia gerückt. Das Bild des von verwirrenden Gängen durchzogenen Fuchsbaus korrespondiert zusätzlich mit den von Philipp wie Edwin geschätzten Stichen von Piranesi, den „Carceri d'inventione", gigantischen, labyrinthischen Gefängnissen. So wird durch ein dichtes Geflecht intertextueller Bezüge für den kundigen Leser ein vielfältiges Angebot unterschiedlicher Deutungsmöglichkeiten und Aspektierungen ausgebreitet. Er kann, aber er muss es nicht annehmen, wenn er es nicht realisiert, vermag er dennoch dem Romangeschehen weiter zu folgen.

- Die mythologischen Verweise sind zwar auch eine Form des intertextuellen Bezugs, übernehmen im Roman aber eine etwas andere Funktion. Die antiken Mythen gelten zwar als überzeitliche Beispiele für die existenzielle Problematik des menschlichen Lebens, basieren aber als kollektive Vorstellungen einer Kultur nicht auf logisch-wissenschaftlichen Erklärungen. Sie sind schon seit der Antike ein rhetorischer Schmuck der Rede, wenn auch die von ihnen ausgehenden Sinnstiftungen letztlich nicht argumentativ beweisbar sind.

- Vor diesem Hintergrund ist es verständlich, dass Koeppens intensiver Einsatz von mythologischen Anspielungen auch kritisch bewertet wird. Die mythologischen Bezüge seien der zeitkritischen Intention des Romans abträgliche Bildungsreminiszenzen ohne wirkliche Verweiskraft, sie bestätigten das ohnehin schon vertretene Geschichtsbild, die Gegenwart sei nur „eine Atempause auf dem Schlachtfeld" (S. 9), das Gewesene könne immer wieder neu geschehen. Sicherlich sind viele der mythologischen Anspielungen nur wenig in den Kontext integriert und ergeben keine neuen Deutungsaspekte. Eine Ausnahme macht hier allerdings die Figur des Odysseus, um die herum sich eine Reihe von Anspielungen auf die Geschehnisse in Homers *Odyssee* gruppieren. So lässt sich die in die Romanmitte lokalisierte Dombesteigung des Odysseus, sein Blick über die zerstörte Stadt, als Gegenstück zur jener Szene der Odyssee deuten, in der Odysseus die Unterwelt, das Reich der Toten besucht. In diesem Kontext erhalten auch die Anspielungen auf Emilias Gang ins Pfandleihaus und ins Gewölbe des Antiquitätenhändlers Schellack als Gang in die „Halbwelt des Styx" (S. 92) oder in den „Hadesschimmer" der „Unterwelt" (S. 93 f.) einen Verweischarakter.
- Während die intertextuellen Bezüge dem Romangeschehen und der Figurenkonstellation neue Deutungsimpulse und zusätzliche Facetten verleihen, bleiben, von den erwähnten Ausnahmen abgesehen, die mythologischen Verweise eher traditioneller rhetorischer Schmuck und sind einem modernen Geschichtsverständnis wenig dienlich. Sie als gelehrte Spielerei zu betrachten, ist berechtigt, wenn auch Koeppen gegen Ende des Romans deutliche Zeichen setzt, dass er den Mythen der Antike gegenüber auch eine ironische Distanz einnehmen kann. Die Prostituierte Susanne in stereotypen Wendungen als „die Kirke und die Sirenen und vielleicht auch Nausikaa" (S. 195) zu bezeichnen, lässt den Schluss zu, dass sich hier der Erzähler über seinen eigenen Umgang mit den Archetypen der Antike ironisch erhebt.

8 Aktualität des Romans

Frage:

Kann die Lektüre des Romans neue literarische Erfahrungen vermitteln? Schärft sie den Blick für Probleme der gegenwärtigen Gesellschaft?

Lösungsvorschlag:

- Koeppens Roman *Tauben im Gras* entstand zu einer Zeit, in der mit den programmatischen Begriffen „Kahlschlag-Literatur", „Trümmerliteratur" und „Stunde Null" ein neuer Stil der Nachkriegsliteratur propagiert wurde. Als Reaktion auf den während der NS-Zeit und des Krieges getriebenen Missbrauch mit der Sprache forderten Literaten wie Wolfgang Weyrauch einen ästhetischen Neubeginn, eine Konzentration auf die existenziellen Grundelemente des Leben mit sparsamen Gestaltungsmitteln und in einer einfachen, sachlichen Sprache. Die von Gottfried Benn wieder vertretene klassische Trennung von Literatur und Politik fand vor dem Hintergrund des NS-Regimes und des Weltkriegs eine breite Resonanz. In diesem literarhistorischen Kontext ist Koeppen ein Außenseiter, ein Nonkonformist, der sich auf die progressive, experimentelle Literatur der Zwanzigerjahre bezieht, auf Tendenzen der Neuen Sachlichkeit. Wenn er diese Wiederaufnahme einer progressiven Romantradition auch nicht in allen Aspekten konsequent umgesetzt hat, so doch im Hinblick auf die Thematik, die kritische Wiedergabe gesellschaftlicher Befindlichkeiten in einer Großstadt im Nachkriegsdeutschland. Mit der Lektüre von Koeppens Roman kann der Leser sein Bild der deutschen Literatur nach 1945 um neue Facetten erweitern.

- Auch unter dem Aspekt der Gestaltungsweise vermittelt Koeppens Roman neue Erfahrungen. Meist kennzeichnet den traditionellen Roman eine klar strukturierte, durchgehende Handlung, eine formale Kohärenz. Das Figurenarsenal bleibt überschaubar, wenigen Hauptfiguren werden in ihrem Umfeld Nebenfiguren zugeordnet, eine Hierarchie ist deutlich erkennbar. Es überwiegt ein chronologisches Erzählen, allenfalls durch klar markierte Rückblenden ergänzt, der Erzählfluss variiert nur wenig, wenn, dann in der Regel durch sprachliche Eigenheiten der Figuren bedingt. Romane der Postmoderne zeichnen sich durch betont spannungsreiche Handlung aus, eine gute Lesbarkeit muss auch ein zeitgenössischer Roman aufweisen, der sich stärker als der traditionelle Roman auf den literarischen Markt ausrichtet. Vor der Folie dieser groben Charakterisierung des traditionellen Romans erweist sich Koeppens *Tauben im Gras* als ein gänzlich untypisches Romanbeispiel, das vom Leser, der mit den Romanen der literarischen Moderne noch nicht in Berührung gekommen ist, neue Lesestrategien erfordert. Eine große Zahl von Handlungssträngen wird nebeneinander, annähernd simultan geführt, um erst gegen Ende des Romans gebündelt zu werden. Das Figurenarsenal von mehr als dreißig Personen ist kaum noch überschaubar, eine Unterscheidung von Haupt- und Nebenfiguren lässt sich nicht überzeugend begründen. Die 105 Erzählsequenzen, meist einer Figur oder einer kleineren Figurengruppe gewidmet, wechseln abrupt, wenn auch oft sprachlich miteinander verzahnt. Vorherrschend ist eine monologische Gesprächstruktur, die Figuren setzen sich mit der Problematik ihrer Existenz auseinander, meist hasten sie aneinander vorbei, verfehlen sich, werden verwechselt, treten oft nur gezwungen in einen kurzen Gesprächsaustausch. Der Erzählfluss kann innerhalb eines Abschnittes zwischen einem gepflegten, hypotaktischen Stil und einer parataktischen, abgehackt und hektisch wirkenden Reihung wechseln. Wie schon einer seiner ersten Leser, der Verleger Henry Goverts, bei allem Lob kritisch anmerkt, ist das „Presto-Tempo der vielen aneinander vorbeiagierenden Menschen" (Treichel, 2006, S. 242) verwirrend. Schließlich kann man Koeppen nicht vorwerfen, er habe sich am Markt orientiert, vielmehr hat er einen Roman verfasst, der in seiner Zeit einmalig ist, ein Dokument seines Versuches, die Befindlichkeit der Menschen im Nachkriegsdeutschland aus seiner Sicht literarisch darzustellen.

- Dass die Auseinandersetzung mit Koeppens Roman den Blick für Probleme der gegenwärtigen Gesellschaft schärfen kann, ist kaum bestreitbar. Wenngleich Fremdenfeindlichkeit in unserer Gesellschaft offiziell tabuisiert wird, tritt sie umso heftiger in Krisen- oder Entscheidungssituationen zu Tage, wenn über Ansprüche und Forderungen anderer ethnischer Gruppen entschieden werden muss. Welche Bedeutung in solchen Situationen dem Anderssein zukommt, zeigt Koeppen an dem latent immer noch vorhandenen von rassistischen Klischees bestimmten Denken und Handeln. Sehr detailliert und psychologisch kenntnisreich wird im Roman beschrieben, wie eine scheinbar friedlich gestimmte, auf ihr eigenes Vergnügen bedachte Menschenmenge innerhalb kürzester Zeit unter dem Einfluss wahllos gestreuter, sich aufschaukelnder Gerüchte und willkommener Missverständnisse sich spontan zu einem Akt der Lynchjustiz zusammenrotten kann. Moral und Gewissen des Einzelnen, so lässt sich den Vorgängen entnehmen, werden in der Anonymität der Gruppe außer Kraft gesetzt. Solche Formen einer spontan entstehenden Pogromstimmung oder auch einer geplanten Aggression sind nicht nur auf militante, gewaltbereite rechtsradikale Gruppierungen beschränkt, sondern greifen auch auf politisch unauffällige, sich als benachteiligt empfindende Gruppen über. Auch dies zeigt Koeppens Roman am Beispiel der arbeitslosen Jugendlichen Bene, Kai, Schorschi und Sepp, die, ohne dass ein Motiv erwähnt wird, über den Dichter Edwin herfallen.

- Schließlich ist das Massenverhalten im Stadion während des Baseballspiels mit ähnlich scharfem psychologischem Blick beschrieben wie die Gewaltfantasien des amerikanischen Jungen Ezra. Es sind dies Erscheinungsformen, die, in der Nachkriegszeit von Koeppen diagnostiziert, auch unsere heutige Gesellschaft immer wieder erneut provozieren.